U0872293

核能矿产资源强国战略研究

《核能矿产资源强国战略研究》课题组 编著

中国原子能出版社

图书在版编目（CIP）数据

核能矿产资源强国战略研究/《核能矿产资源强国战略研究》课题组编著．—北京：中国原子能出版社，2020.6

ISBN 978-7-5221-0628-1

Ⅰ.①核… Ⅱ.①核… Ⅲ.①核能工业—铀矿—矿产资源—研究—中国 Ⅳ.①F426.23

中国版本图书馆 CIP 数据核字（2020）第 111758 号

核能矿产资源强国战略研究

出版发行	中国原子能出版社（北京市海淀区阜成路 43 号　100048）
责任编辑	胡晓彤
装帧设计	崔　彤
责任校对	冯莲凤
责任印制	潘玉玲
印　　刷	北京九州迅驰传媒文化有限公司
经　　销	全国新华书店
开　　本	787 mm×1092 mm　1/16
印　　张	12.25　　**字　数** 245 千字
版　　次	2020 年 6 月第 1 版　2020 年 6 月第 1 次印刷
书　　号	ISBN 978-7-5221-0628-1　　**定　价　96.00 元**

网址：http：//www.aep.com.cn　　**E-mail：atomep123@126.com**

发行电话：010-68452845

《核能矿产资源强国战略研究》
项目组

组　长

潘自强

成　员（按姓氏笔画排序）

王　鹏　邓　平　叶勇军　朱　博　刘晓超　苏学斌　苏艳茹
李子颖　李光亚　李伟才　李建华　李胜祥　肖诗伟　张伟星
张金带　张剑勇　陈跃辉　范洪海　周　觅　徐乐昌　谭亚辉
薛迎喜　薛建新

摘　　要

“核能矿产资源强国战略研究”是中国工程院咨询项目《矿产资源强国战略研究》的一个重要组成部分。咨询项目针对矿产资源的重大战略问题，明确项目研究的总目标是：“推动我国矿产资源开发利用相关工程科技进步与创新，提升中国矿业的国际竞争力并促进制造业竞争力的提升，为“十三五”及今后一段时期我国矿产资源开发利用的宏观决策提供重要依据”。“核能矿产资源强国战略研究”课题组按照咨询项目的总要求和确定的研究内容和任务，在分析国内外核能矿产资源状况的基础上，结合我国中长远发展需求，提出了核能矿产资源强国指标体系、指导思想、战略目标、实现途径和技术路线以及重点任务与保障措施和建议，具体内容主要包括以下方面。

1. 核能矿产资源现状

(1) 世界核能矿产资源状况

据经济合作与发展组织核能署（OECD-NEA）和国际原子能机构（IAEA）《铀资源、生产与需求—2016》，截至 2015 年 1 月 1 日，世界回收成本＜260 美元/kgU 的保有已查明的可回收资源为 764.1 万 tU（原地资源约为 1 018.87 万 tU），其分布及开发产量都极不均衡，其中澳大利亚等前 10 个国家的铀资源量占全球的 81.33%。据世界核能协会（WNA）统计，2015 年全球铀总产量为 60 514 tU，其中 89%份额被哈萨克斯坦 KazAtomProm 等 10 大铀矿冶公司控制。全球已查明的钍资源量总量约 621.1 万 tU。

(2) 中国核能矿产资源状况

截至 2015 年年底，我国已查明有 350 多个铀矿床。我国铀矿类型目前以“四大类型”为主，其中，砂岩型铀资源量占 43.1%，花岗岩型占 22.8%，火山岩型占 17.5%，碳硅泥岩型占 8.7%，其他类型约占 7.9%。我国预测常规铀资源量超过 200 万 t，还有大量非常规铀资源，我国是铀资源潜力较大的国家。我国形成了较完整的铀矿勘查采冶体系，2015 年天然铀产量中地浸开采的占 48.9%，堆浸占 31.7%，地下开采—常规搅拌浸出占 19.4%。我国初步估算钍资源量近 100 万 t。

(3) 铀资源供求形势

据 NEA/IAEA《铀资源、生产与需求—2016》，截至 2015 年 1 月 1 日，全球共有 30 个国家运行 437 座商用反应堆，装机容量 377 GW，在建反应堆有 68 座，装机容量约 64 GW。未来按低需求方案预计，至 2035 年装机容量将增加到 418 GW，相应天然铀需求量将增加到 6.7 万 tU/a，高需求方案预计，至 2035 年将增加到 682 GW，相应天然铀需求量将增加到 10.5 万 tU/a。我国（大陆）截至 2016 年年底，在运行的核电机组已有 35 台，总装机容量 3 327 万 kW，世界排名第四；在建核电机组 21 台，总装机容量 2 421 万 kW，约占世界在建总装机容量的 36%，居世界第一。按我国核电建设规划，到 2020 年，将实现运行总装机容量 5 800 万 kW，在建 3 000 万 kW。2016 年，核电累计发电量为 2 105.19 亿 kW·h，约占全国当年累计发电量的 3.56%，还远低于世界平均水平（10%～14%，最高年份达到 17%）。按常态发展目标测算，到 2030 年将建成运行总装机容量（下限目标）11 800 万 kW，核电当年所需天然铀为 2.2 万 tU，消耗铀资源储量 3.14 万 tU，累计消耗地质储量 53.1 万 tU，同时按储采比 20：1 计算，需要占用地质储量 77.5 万 tU 进行天然铀生产。因此，全球核能矿产资源分布的不均衡性，势必需要通过市场调节供求，我国核能矿产资源与未来需求相比有较大差距，也势必需要通过市场利用国际核能矿产资源。

2. 核能矿产资源强国指标体系和分类

核能矿产资源强国的内涵是指拥有安全可靠的核能矿产资源供应保障体系、先进的科技水平、雄厚的企业实力、强大的国际经略能力和巨大的可持续发展潜力，综合实力国际排名靠前的核能矿产资源国家。核能矿产资源强国的指标体系如表 1 所示。

表 1　核能矿产资源强国的指标体系

一级指标	二级指标
国内核能矿产资源保障能力	国内核能矿产资源在全球的占比地位，达到前三位
	核能矿产资源供应保障能力，不低于需求的三分之一
科技实力	科学技术水平
	装备能力水平
	科技创新能力
	研发投入强度
企业实力	世界十强核能矿产资源矿业公司排名
	矿业公司多元化水平（含产业延伸程度）
	盈利能力
国际核能矿产资源经略能力	资源掌控能力
	产品加工能力
	运输掌控能力
	市场控制能力
	权益保障能力

续表

一级指标	二级指标
可持续发展潜力	资源勘查投入强度
	矿产资源综合利用水平
	矿山绿色环保水平
	矿山安全水平
	节能降耗水平

根据探明和掌握的铀资源情况，加拿大、澳大利亚、哈萨克斯坦、俄罗斯、法国、美国、中国、日本、纳米比亚、尼日尔10个国家可列为全球核能矿产资源大国，其中加拿大、澳大利亚、哈萨克斯坦、俄罗斯、法国、美国6个国家列为核能矿产资源强国。国际核能矿产资源大国、强国可分成以下三类：

（1）资源禀赋型（A型）。这类国家主要是纳米比亚和尼日尔。

（2）资源掌控型（B型）。这类国家主要是法国和日本。

（3）禀赋与掌控复合型（A+B型）。这类国家主要有美国、俄罗斯、澳大利亚、加拿大、哈萨克斯坦。

中国目前属于复合型核能矿产资源大国。

3. 我国核能矿产资源与世界强国的差距

我国属于复合型核能矿产资源大国，发展目标应是成为禀赋与掌控复合型（A+B型）核能矿产资源强国，但目前与加拿大、俄罗斯、美国、澳大利亚等核能矿产资源强国相比还存在较大的差距。主要表现为：国内资源虽然较为丰富，但富矿、大矿的天然地质禀赋条件不如加拿大、澳大利亚、哈萨克斯坦；铀矿勘查在数字化、信息化技术应用和找矿仪器设备研发能力与目前世界部分核能矿产资源强国还有较大差距；我国铀矿采冶产能偏低，生产效率较低，采掘设备落后，常规搅拌浸出工艺试剂消耗大，自动化、数字化水平较低，设备能耗高，地浸采铀钻孔钻进成井技术较美国、哈萨克斯坦等国家效率低、成本高，铀多金属选冶综合回收技术与澳大利亚、俄罗斯、法国等国相比还有较大的差距；海外铀资源开发起步较晚，对国际铀资源的掌控能力还较弱，国外铀资源产能规模和权益产量还较小，资源品质也较差，与加拿大、澳大利亚、俄罗斯、法国等世界强国相比还有较大的差距。

4. 实现核能矿产资源强国的指导思想、战略目标和途径

指导思想和战略目标：全面贯彻党的十八大、十九大精神，按照“创新、协调、绿色、开放、共享”发展理念，坚持走中国特色核能矿产资源强国道路，坚持“双重资源保障、两轮创新驱动、动态优化结构、开放合作共赢、绿色持续发展”的方针，立足国内，拓展海外，加快提升核能矿产资源企业实力为中心，以加快加强海外铀资源的开发利用为主线，以实现可持续发展为方向，以满足我国核能发展和国防建设对核

能矿产资源的需求为目标，强化基础，提高科技创新水平，完善多层次多类型复合人才培养体系，到2030年争取进入世界核能矿产资源强国前列。

实现途径：大力提升核能矿产资源科技创新水平，提高国际竞争力，加快国内铀资源找矿突破，为核能矿产资源强国提供基础保障，同时为海外资源掌控和开发提供强有力的技术支撑，创新核能矿产资源开发工艺技术，推进铀矿大基地建设，发挥综合国力优势，提升国际综合经略能力，贯彻绿色发展理念，实现铀资源开发与环境保护协调发展。

5. 实现核能矿产资源强国的技术路线

(1) 勘查技术路线

通过热液型铀矿、砂岩型铀矿、铀多金属成矿体系的地质理论创新，通过对地质找矿三维填图和预测、无人机航空物探、高精度地面物化探及多功能测井、互联网＋、大数据应用等关键技术和前沿技术攻关，通过高端仪器研发和科技创新能力（平台）建设，促进国内核能矿产资源深部“第二找矿空间”和新区、新类型的找矿突破，并支撑海外铀资源勘查。

(2) 国内开发技术路线

加强铀矿采冶基础理论、前瞻性技术研究，通过强化浸出工艺、工程技术、材料和设备研究、安全环保技术研究，实现铀矿的规模化、集约化、绿色化开发，铀矿老基地通过高效利用、节能降耗，强化安全环保，形成与国际水平接轨的开发技术水平和能力。建设地浸采铀国家重点实验室，突破深部采铀技术，强化地浸采铀废水深井处置和地下水修复技术，优化CO_2+O_2第三代采铀技术，探索“智能化＋X”第四代采铀技术。

(3) 海外开发技术路线

资源开发与贸易并举，稳步推进非洲国家项目，大力加强“一带一路”合作倡议的整体布局，积极开拓澳、加等铀资源大国项目，努力探索其他铀资源新兴国家项目。开发模式上，不仅要学习美国、俄罗斯、澳大利亚、加拿大的复合型模式，而且要借鉴法国、日本、韩国等国的掌控型模式。坚持勘探项目与开发项目并举，控股与参股并举，灵活采用合资开发模式、股权并购模式、产能购买模式、风险勘探模式等。

(4) 绿色安全技术路线

坚持“创新、绿色、低耗、高效、安全”的发展思路，实现生产工艺高效化、废物产生最小化、矿山环境友好化、综合效益最大化、社区稳定和谐化，以综合开发、资源高效利用与环境影响最小化为核心，以建设绿色安全企业文化为重要手段，以科技创新、节能减排和矿山环境全面修复治理为保障措施，对标国际先进技术，确保核能矿产资源开发与生态环境保护协调发展和可持续发展。

(5) 非常规铀资源和钍资源技术路线

非常规铀资源是指目前技术经济条件下还不能开发利用的低品位铀资源或作为次要副产品回收的铀资源，内陆主要有磷块岩、黑色页岩（系）中的铀资源等，另外，现在把盐湖、海水中的铀资源也列为非常规铀资源。建立内陆非常规铀资源和钍资源预测评价和调查技术体系，摸清资源家底。开展内陆非常规铀资源和钍资源提取工艺技术研究，为其开发利用做好技术储备。从海水和盐湖中提取铀资源技术可以并行开展研究，并作为我国铀资源开发的技术储备战略方向之一。

6. 建设核能矿产资源强国的主要任务

(1) 实施一批重大创新工程

主要包括：构建全球铀资源信息数据库和开展大数据应用技术研究；开展大深度攻深找盲技术体系研究、多维度关键技术攻关、关键勘查设备研发和先进分析测试技术研发；开展深层铀资源开发技术研究与应用、第四代智能化地浸采铀技术研究、大型沉积盆地铀煤协调开采技术研究、硬岩铀矿安全高效集约开发技术研究、铀及多金属矿床的综合回收技术研究与应用、非常规铀资源开发技术研究与应用、地浸采铀工艺废水深井处置和地下水修复技术研究、常规采冶废物最小化技术研究和铀矿山污染土壤原位高效修复技术研究等。

(2) 实施一批重大应用示范工程

主要包括：实施铀矿大基地探采一体数字化科技示范工程、重点铀成矿区（带）系统预测与资源扩大示范工程、重点铀矿田/矿化集中区精细地质评价技术示范工程、海外核能矿产资源勘查区找矿示范工程、国内千吨级绿色高效地浸采铀示范工程、南方硬岩矿山环境影响最小化及安全监控预警示范工程、北方砂岩型地浸矿山环境影响监控及地下水修复示范工程和铀煤协调开采及环境影响防治示范工程等。

(3) 建设一批铀资源开发基地

按照规模化、集约化思路，继续加大勘查力度，建设一批查明铀资源量数万吨至10万吨级、天然铀产能千吨级以上的铀资源开发基地，加大北方砂岩型铀矿开发的力度，形成南北方相协调的产能格局。

(4) 加强国外铀资源勘查开发

重点是非洲项目，大力加强“一带一路”合作倡议的整体布局沿线国家的项目，并积极开拓澳、加等资源大国铀矿项目，探索与其他铀资源新兴国家的合作项目。

7. 建设核能矿产资源强国的保障措施和建议

(1) 强化创新驱动发展

应加强基础研究，推进引领性原创成果重大突破。深化热液型铀矿和砂岩型铀矿成矿理论研究，实现关键勘查技术突破推动新区新类型铀矿找矿的突破。加强铀矿采冶基础理论研究，争取突破“智能化＋X”第四代采铀技术。

应加强创新能力体系建设，建立核能矿产资源勘查开发国家重点实验室和国防科技重点实验室及创新中心等平台，系统提高创新能力。加强与国际学术组织或科研机构的合作，建立国际化联合科研机构或实验室。

应健全多层次人才培养体系，加强相关高等院校放射性地质和铀矿采冶工程的学科建设，组织实施人才培养计划，打造一支适应核能矿产资源强国需要的人才队伍。

（2）优化产业布局和完善产业政策

应进一步加大国家财政资金对于战略性、基础性、公益性铀矿勘查的投入力度，强化地勘能力体系建设，建议建立中央财政预算核地勘专项，形成稳定长效的财政投入机制。

应深化产业结构调整，继续加强北方砂岩型铀矿开发工作，形成南北方相协调的产能格局。国内铀资源开发应继续坚持“上大限小”“多探少采”的保护性开发战略，建设具有国际竞争力的天然铀产业体系。

应完善矿权政策，提升资源利用水平。多种资源共伴生的地区或盆地的资源开发应统一规划，依规划设置矿业权，做到依法依规有序勘查开发。建议在确保安全和环保的前提下，固体矿产矿业权可与油气矿业权重叠登记。按照“铀矿优先、空间划开、时序错开、合理避让”的原则，制定铀矿和煤炭、油气等矿产矿业权重叠设置的专门规定，并形成常态化的协调机制。

应鼓励创新合作开发模式，可以积极推进“一个责任主体、多方参与投资、股份合作开发”模式的实施。技术领域应积极研发铀铁、铀磷、铀钼、铀铍、含铀稀土等共伴生资源的综合回收技术，降低对环境的影响，提高资源综合利用水平。

应完善环境保护政策，鼓励企业为提高资源采选回收利用水平的技术开发和改造，调动矿山企业节能降耗、综合利用和清洁生产的积极性。完善矿业用地政策，支持重点矿山开发建设。建议财政资金和银行信贷重点支持矿业领域循环经济发展项目。加大矿山地质环境修复治理和矿区土地复垦的投入。加强铀采冶废物最小化和地下水及土壤修复等核心技术和关键技术的研发。建议推进退役后的铀矿尾矿库等铀矿冶设施属地管理。

（3）完善“走出去”的政策

一是应抓住国际铀价“筑底期”的机遇，设立海外铀资源勘查开发专项基金，帮助企业开展风险勘查和开发项目的并购；二是加强国有资本金支持，建议设立境外投资平台，加大对海外铀资源开发项目的国有资本金支持；三是加强政策协调支持，希望商务部、财政部、外交部、中国人民银行、外汇管理局、政策性银行、出口信用保险公司等方面加强协调，建议建立金融机构支持企业走出去的专项融资政策和专项融资渠道；四是应利用近期国际天然铀市场价格处于持续低迷的有利时机，加快掌控国外部分优质铀资源和确保贸易储备的力度。

引　言

核能矿产资源主要是指铀资源和具潜在应用前景的钍资源。核能矿产资源不仅具有一般矿产资源的属性，而且具有更重要的军民两用的国家战略资源的特殊属性。核能矿产资源是发展核工业的物质基础，核工业是国家安全重要基石。我国将从核工业大国走向核工业强国，必须具有足够强大的核能矿产资源保障供应能力，也必须从核能矿产资源大国加快转变成核能矿产资源强国。

“核能矿产资源强国战略研究”是中国工程院咨询项目《矿产资源强国战略研究》的一个子课题。中国工程院在第一期咨询项目《中国可持续发展矿产资源战略研究》取得成果的基础上，决定在2015—2016年开展第二期咨询项目《矿产资源强国战略研究》。总项目提出了“矿产资源行业的整体布局，如何适应新的经济发展形势下矿产资源需求品种和规模的变化?”“如何平衡国内国际的矿产资源供应，并增强我国矿产资源行业在全球范围内的全产业链综合获益能力、国际竞争力，增强我国在国际矿产资源市场上的定价权和话语权?”“在生态文明的要求下，如何加强矿产资源开发利用全过程生态环境保护，建设绿色矿山、实现清洁加工利用，大力发展循环经济?”“如何理顺矿产资源发展的管理体制和机制，健全矿产资源开发利用市场，保障战略目标的实现?”等重大战略问题，明确项目研究总目标是：“推动我国矿产资源开发利用相关工程科技进步与创新；提升中国矿业的国际竞争力并促进制造业竞争力的提升；为“十三五”及今后一段时期我国矿产资源开发利用的宏观决策提供重要依据。”“核能矿产资源强国战略研究”课题组按照咨询项目的总要求和确定的研究内容和任务，全面分析了国内、国际核能矿产资源现状及发展趋势，通过对比与核能矿产资源强国之间存在的差距，结合中国的中长期需求，研究了核能矿产资源强国的特征和指标，研究了实现核能矿产资源强国的发展战略、途径、技术路线和重点任务，分析和预测了实现核能矿产资源强国可能时间，并提出了相关保障措施和政策建议。

通过研究认为：全球核能矿产资源能满足世界范围的核能发展需要，但其分布极不均衡，势必通过市场调节供求；我国核能矿产资源比较丰富，但与未来需求相比仍有较大差距，势必通过市场利用国际核能矿产资源。实现核能矿产资源强国的主要标志应包括国内核能矿产资源保障能力、科技实力、企业实力、国际经略能力、可持续发展潜力等五个大的方面。世界核能矿产资源大国、强国可分成三类：资源禀赋型（A型）、资源掌控型（B型）和禀赋与掌控复合型（A+B型）。我国发展目标应是禀赋与掌控复合型（A+B型）。从综合指标看，我国还没有达到“强国”的水平，与世界上核能矿产资源强国相比，无论是国内查明的资源，还是在国际上掌控的资源都还有较大差距。建设核能矿产资源强国，应全面贯彻党的十八大、十九大精神，走中国特色核能矿产资源强国道路，坚持“双重资源保障、两轮创新驱动、动态优化结构、开放合作共赢、绿色持续发展”的方针，立足国内，拓展海外，到2020年可以争取迈入世界核能矿产资源强国行列，到2030年可以争取进入世界核能矿产资源强国前列。实现核能矿产资源强国需要在国家支持下实施一批重大科技创新工程和重大应用示范工程，需要加大国外铀资源开发工作力度，特别是加强与“一带一路”国家开展铀资源开发合作，需要建设一批铀资源开发基地，需要国家在科技创新、产业发展、海外开发等方面给予必要的政策支持。

目　　录

核能矿产资源强国战略研究报告 …………………………………… 1

地浸采铀技术国内外对比研究 …………………………………… 63

海外铀资源开发进展与展望 …………………………………… 103

地浸采铀工艺废水深井处置的可行性初步分析 ………………… 133

核能矿产资源强国
战略研究报告

目　　录

1　核能矿产资源现状与核能矿产资源强国的主要特征 …… 5

1.1　核能矿产资源现状 …… 5

1.2　核能矿产资源强国的内涵与指标体系 …… 9

1.3　世界核能矿产资源强国的主要特征 …… 11

1.4　我国核能矿产资源与世界核能矿产资源强国的差距 …… 16

1.5　对实现核能矿产资源强国的展望 …… 25

2　核能矿产资源强国战略的指导思想、目标和实现途径 …… 29

2.1　指导思想 …… 29

2.2　战略目标 …… 30

2.3　实现途径 …… 30

3　实现核能矿产资源强国的技术路线 …… 32

3.1　实现核能矿产资源强国的勘查技术路线 …… 32

3.2　实现核能矿产资源强国的国内开发技术路线 …… 35

3.3　实现核能矿产资源强国的海外开发技术路线 …… 39

3.4　绿色安全技术路线 …… 42

3.5　非常规铀资源开发利用的技术路线 …… 44

4　实施核能矿产资源强国战略的重点任务 …… 48

4.1　需要国家支持的重大创新工程 …… 48

4.2　需要实施的重大应用示范工程 …… 51

4.3　国内铀矿大基地建设 …… 54

4.4　国外铀资源勘查开发 …… 55

5　建设核能矿产资源强国的保障措施和建议 …… 58

5.1　加强科技创新 …… 58

5.2　优化产业布局 …… 58

5.3　完善环境保护政策 …… 59

5.4　完善“走出去”的政策 …… 60

参考文献 …… 61

1 核能矿产资源现状与核能矿产资源强国的主要特征

1.1 核能矿产资源现状

1.1.1 世界核能矿产资源状况

目前核能矿产资源主要是指铀资源，钍资源的勘查开发利用还极其有限。

根据据经济合作与发展组织核能署（OECD—NEA）和国际原子能机构（IAEA）《铀资源、生产与需求—2016》，截至2015年1月1日，世界回收成本＜260美元/kgU的保有已查明的可回收资源为764.1万tU（原地资源约为1 018.87万tU）。世界已查明的铀资源的分布及其开发产量都极不均衡，据全球50个国家已查明的铀资源的统计，其中澳大利亚、哈萨克斯坦、加拿大、俄罗斯、纳米比亚、南非、尼日尔、巴西、中国、乌克兰10个国家的铀资源量占了全球的81.33%（见图1.1），其他在10万tU以上的国家或地区还有6个，依次是：格陵兰、捷克、蒙古、印度、美国、乌兹别克斯坦；在1～10万tU之间的国家有14个，依次是：博茨瓦纳、坦桑尼亚、约旦、西班牙、秘鲁、中非、赞比亚、毛里塔尼亚、阿根廷、阿尔及利亚、马拉维、匈牙利、斯洛伐克、马里。其余是不足1万tU的国家。根据上述NEA/IAEA 2016年版公布的数据，中国目前查明的铀资源量36.62万tU，在全球排名为第9位。以上数据和排序个别国家由于统计不完整或统计口径差异会受到影响，如美国，在NEA/IAEA的2014年版统计是47.21万tU（可回收的量，回收成本＜260美元/kgU），居全球第5位，而2016年版由于国内部分矿山的数据没有统计到，下降到13.8万tU，变成排到了第12位[1]。

据世界核能协会（WNA）统计，2015年全球共有近20个国家生产天然铀（包括复垦过程中回收少量的天然铀），铀总产量为60 514 tU，其中89%份额被Kazatomprom，Cameco，Areva，ARMZ（包括U-one），RioTinto，Navoi，BHP Billton，Paladin及中核和中广核10大铀矿公司控制。

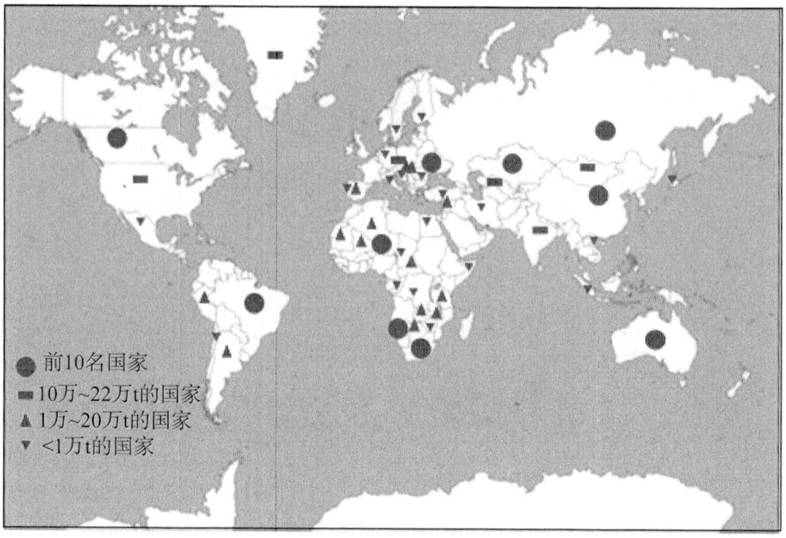

图 1.1 全球保有回收成本<260 美元/kgU 的已查明的可回收资源分布示意图

据 NEA/IAEA《铀资源、生产与需求—2016》，全球有 35 个国家提供了已查明的钍资源量数据，总量约 621.2 万 t，主要分布在巴西、美国、埃及、土耳其、委内瑞拉、加拿大、南非、俄罗斯、印度及中国等国家，钍矿类型主要是砂矿、碳酸岩、脉型和碱性岩型[1]。印度、加拿大、德国、日本、俄罗斯、英国、美国、中国等国家就钍作为反应堆核燃料开展了基础性或探索性研究。

1.1.2 中国核能矿产资源状况

我国铀矿勘查工作始于 1955 年。截至 2015 年年底，我国已查明 350 多个铀矿床，分布在 23 个省（自治区），但其中 3/4 的铀资源量集中在内蒙古、江西、新疆、广东、湖南、广西 6 个省（自治区）[2,3]。

我国铀矿类型目前以“四大类型”为主，其中，砂岩型铀资源量占 43.1%，花岗岩型占 22.8%，火山岩型占 17.5%，碳硅泥岩型占 8.7%，其他类型（伟晶岩型、碱性岩型、泥岩型、煤岩型、磷块岩型等）约占 7.9%（见图 1.2）。花岗岩型、火山岩型、碳硅泥岩型等类型铀矿大多产于江西、广东、湖南、广西、河北、四川、辽宁、浙江、甘肃、陕西等省（自治区），砂岩型铀矿主要产于新疆、内蒙古等北方地区[2,3]。

我国已查明的铀矿床以中小型居多，目前在全国提交的铀矿床中，3 万～5 万 t 规模的矿床只有 2 个，1 万～3 万 t 规模的有 7 个。矿床品位偏低，品位高于 0.3% 的资源量仅占 3.3%，品位 0.1%～0.3%的资源量占 44.93%，品位低于 0.1%的资源量占到 51.77%。

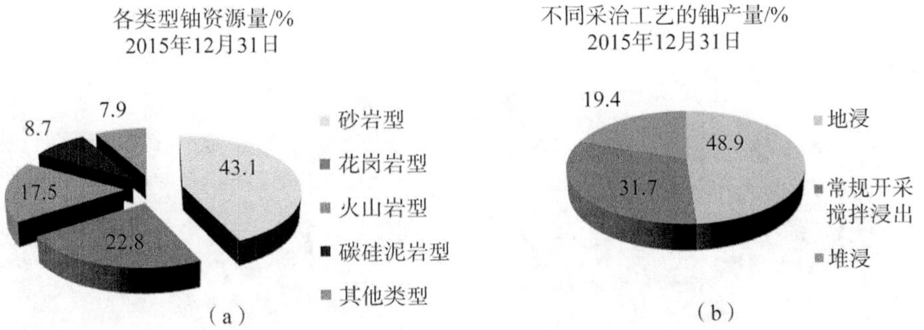

图 1.2 各大类型铀资源量占比（a）和不同采冶工艺产量占比（b）

我国铀成矿条件总体较好，近年来进行了新一轮全国铀资源潜力预测和评价，预测常规铀资源量超过 200 万 t，说明我国是铀资源潜力较大的国家[2,3]。

我国的铀采冶工业始于 1958 年。经过 60 多年的发展，已形成了完整的铀矿采冶工业体系和较合理的工业布局，也形成了适合我国铀矿资源特点的常规采冶、堆浸和原地破碎浸出采铀、地浸采铀等多种工艺并存的格局，成为全世界铀矿采冶工艺技术最齐全的国家。目前，我国铀矿采冶企业主要分布在新疆、内蒙古、江西、广东、辽宁、陕西、浙江、河北、甘肃、广西、湖南等省（自治区），截至 2014 年年底，保有的资源储量约占提交资源储量的 83.9%，2015 年，我国天然铀产量中地浸工艺生产的占 48.9%，常规开采、堆浸工艺生产的（包括原地破碎浸出工艺）占 31.7%，常规开采、搅拌浸出工艺生产的占 19.4%（见图 1.2）。

我国的钍资源主要集中在内蒙古、云南、福建、河北等省（自治区），初步查明总资源量近 100 万 t。

1.1.3 铀资源供求形势

据 NEA/IAEA《铀资源、生产与需求—2016》数据，截至 2015 年 1 月 1 日，全球共有 30 个国家运行 437 座商用反应堆，装机容量 377 GW，2015 年对天然铀的需求量为 5.66 万 tU，在建反应堆有 68 座，装机容量约 64 GW。2015 年共计核电发电 2 441 TW·h，占世界总发电量 10.13%，与日本福岛核电站事故之前相比有所下降。未来低需求方案预计，至 2035 年将增加到 418 GW，相应天然铀需求量将增加到 6.7 万 tU/a；高需求方案预计，至 2035 年将增加到 683 GW，相应天然铀需求量将增加到 10.47 万 tU/a（见图 1.3）[1,4]。

我国（大陆）截至 2016 年年底，在运行的核电机组已有 35 台，总装机容量 3 327 万 kW，世界排名第四；在建核电机组 21 台，总装机容量 2 421 万 kW，约占世界在建总装机容量的 36%，居世界第一。按我国核电建设规划，到 2020 年，将实现运行总

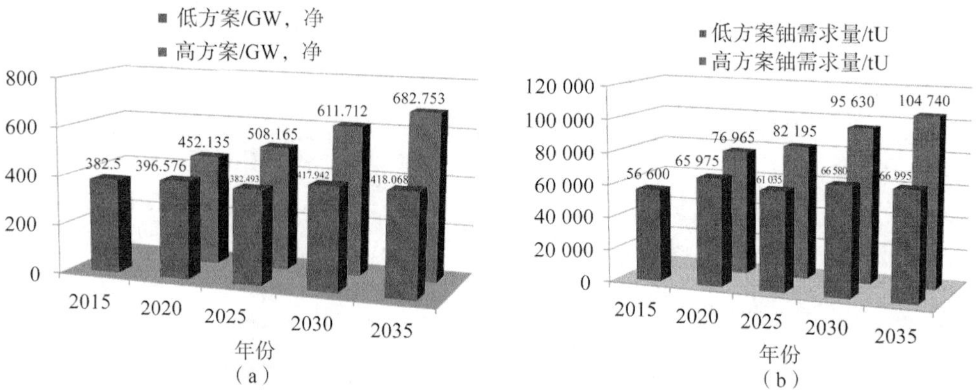

图 1.3　全球核电装机容量（a）与铀资源需求趋势（b）

装机容量 5 800 万 kW，在建 3 000 万 kW。2016 年，核电累计发电量为 2 105.19 亿 kW·h，约占全国累计发电量的 3.56%，还远低于世界平均水平（10%～14%，最高年份达到 17%）。根据相关研究预测，按常态发展目标测算，我国将在 2020 年建成 5 800 万 kW 的基础上，到 2030 年将建成运行总装机容量（下限目标）11 800 万 kW，核电当年所需天然铀为 2.2 万 tU，当年消耗铀资源储量 3.14 万 tU，在 2021—2030 年这十年间将累计消耗铀资源储量 24.7 万 tU，2030 年将占用铀资源储量为 62.9 万 tU。如果按核电机组的全寿期为 60 年计算，至 2030 年建成的所有核电机组将共需要消耗铀矿储量 180 万 tU。如果是快速发展方案或超常发展方案，对铀资源的需求将更为巨大（见图 1.4）。因此，我国对铀资源的需求形势十分紧迫，面对巨大的需求，铀矿勘查和采冶都面临巨大的挑战[1,4]。

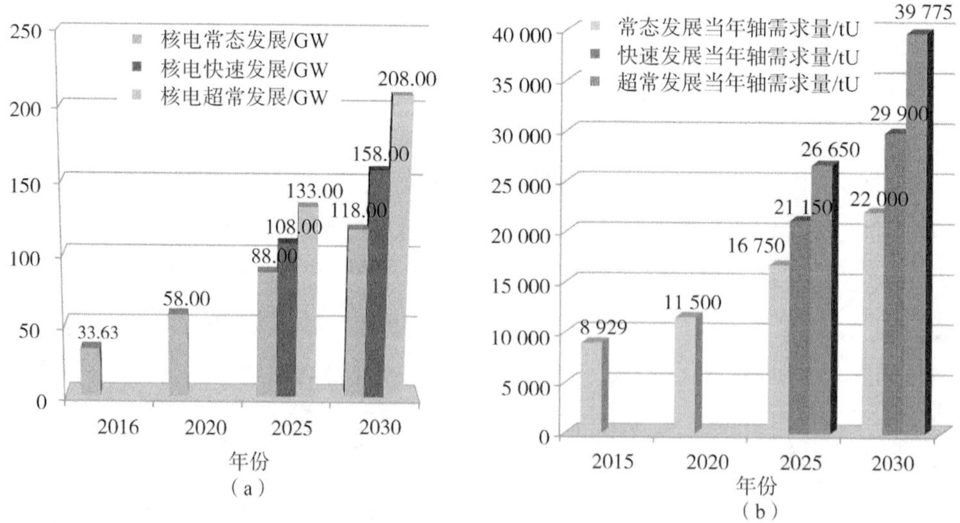

图 1.4　我国核电装机容量（a）与铀资源需求趋势（b）

全球铀资源能满足核电发展的需求。根据世界核能矿产资源分布特征和我国资源实际状况，总体来看，铀资源丰富的国家不一定发展较大规模核电与核电规模较大的国家却缺少铀资源的两种情况长期并存，全球核能矿产资源分布的不均衡性，势必需要通过市场调节供求；我国核能矿产资源与未来需求相比仍有较大差距，也势必需要通过市场利用国际核能矿产资源。

1.2 核能矿产资源强国的内涵与指标体系

核能矿产资源强国的内涵是指拥有安全可靠的核能矿产资源供应保障体系、先进的科技水平、雄厚的企业实力、强大的国际经略能力和巨大的可持续发展潜力，综合实力国际排名靠前的核能矿产资源国家。加拿大、澳大利亚、哈萨克斯坦、俄罗斯、法国、美国、中国、日本、纳米比亚、尼日尔 10 个国家可列为全球核能矿产资源大国，其中国际排名前六名的国家为：加拿大、澳大利亚、俄罗斯、美国、法国和哈萨克斯坦，可称为全球核能矿产资源强国。

核能矿产资源强国的指标体系参照总课题的指标体系，一级指标分五个方面：国内核能矿产资源保障能力、科技实力、企业实力、国际核能矿产资源经略能力和可持续发展潜力，并分解为 19 项二级指标（见表 1.1）。

表 1.1 核能矿产资源强国的指标体系

一级指标	二级指标
国内核能矿产资源保障能力	国内核能矿产资源在全球的占比地位，达到前三位
	核能矿产资源供应保障能力，不低于需求的三分之一
科技实力	科学技术水平
	装备能力水平
	科技创新能力
	研发投入强度
企业实力	世界十强核能矿产资源矿业公司排名
	矿业公司多元化水平（含产业延伸程度）
	盈利能力
国际核能矿产资源经略能力	资源掌控能力
	产品加工能力
	运输掌控能力
	市场控制能力
	权益保障能力

续表

一级指标	二级指标
可持续发展潜力	资源勘查投入强度
	矿产资源综合利用水平
	矿山绿色环保水平
	矿山安全水平
	节能降耗水平

国内核能矿产资源保障能力主要包括国内核能矿产资源在全球的占比地位和核能矿产资源供应保障能力。我国核能发展进入较快速时期，目前在建核电装机容量在世界范围内属最多的国家，预计 5 年内我国核电装机容量将达到世界第二，按照规划，10 年内有可能达到世界第一。因此，核能矿产资源的安全保障是一个重大课题。根据核能机构（NEA）和国际原子能机构（IAEA）《铀资源、生产与需求—2016》数据，中国拥有查明的铀资源在全球排名第九位，考虑到近期铀资源勘查取得的新突破，可能略会靠前。

这总体上与我国核能发展在世界所占比例是不相称的。从核能矿产资源强国考虑，结合我国国情，我国掌控的核能矿产资源在全球的占比地位应达到前三位，并应具备基本的供应保障能力，国内铀的生产供给能力应不低于需求的三分之一。

科技实力主要包括科学技术水平、装备能力水平、科技创新能力和研发投入强度。目前，我国已构建成较完整的核能矿产资源勘查和开发科技体系，在勘查理论技术方面，创新发展了砂岩和热液铀成矿理论及构建了勘查技术体系，有力促进了找矿突破工作，勘查深度达到了 1 200 m；在开发技术方面，形成了有特色的地浸、堆浸等开发工艺技术，但总体上与国外一些发达矿业强国，如澳大利亚、美国、加拿大和俄罗斯等还存在一定差距。科技是引领和推动产业发展的动力，实现核能矿产资源强国应具备与发达矿产资源强国相应的一流科学技术水平、装备能力水平和科技创新能力及配套的研发投入强度。

企业实力体现在世界十强核能矿产资源矿业公司排名、矿业公司多元化水平和盈利能力等。按照国际原子能机构 2014 年对铀生产国统计的数据，我国国内铀生产能力在世界的排名是第九位。为保障我国核能发展对核能矿产资源的需求，需建立与核能发展在世界排位相应的资源强国企业战略，使我国的企业综合实力（国内国外资源保障供给）在未来 10 年内应排在世界前三，这样才与我国核能发展的规模相匹配。参照国外大型矿业公司的发展模式，同时应实现矿业公司控股、参股和铀、非铀开发多元化发展，达到很强的盈利和抗风险能力，确保核能矿产资源供给的安全。

国际核能矿产资源经略能力包括资源掌控能力、产品加工能力、运输掌控能力、市场控制能力和权益保障能力等。世界产铀大国，如哈萨克斯坦、加拿大、澳大利亚、纳米比亚、乌兹别克斯坦、尼日尔等，并不是铀的消耗大国，且大部分是零消耗；同样，铀的消耗大国，如美国、法国、韩国、德国、英国、瑞典、西班牙、日本等，在其国内算不上铀生产大国，甚至完全靠海外供应或在国外生产。由此可见，世界铀资源生产需求主要被欧美西方发达工业国家所垄断或控制，它们主要通过国际大型公司或运用综合影响力参股、控股和贸易等综合手段进行掌控。还有一类国家基本上是自产自用，它们主要是俄罗斯、乌克兰、南非、捷克等。综合这些情况，实现核能矿产资源强国战略，必须具有同欧美发达国家所具有的很强的国际核能矿产资源经略能力，积极拓展海外资源勘查开发，能够持续保障三分之二以上的我国核能矿产资源需求。

可持续发展潜力是实现核能矿产资源强国战略的又一重要指标，包括资源勘查投入强度、矿产资源综合利用水平、矿山绿色环保水平、矿山安全水平和能耗水耗水平等。为实现核能矿产资源持续安全保障，国内应保障足够的资源勘查投入强度，以满足核能发展对国内资源需求的动态部分，部分铀资源可作为战略储备，就像美国那样。必须加强科技创新，通过大力提高矿产资源综合利用水平、矿山绿色环保水平、矿山安全水平和节能降耗水平，以保障铀生产的可持续发展。

1.3 世界核能矿产资源强国的主要特征

1.3.1 世界铀资源及生产分布特征

据 NEA/IAEA《铀资源、生产与需求—2016》，澳大利亚、哈萨克斯坦、俄罗斯、加拿大、尼日尔、纳米比亚、南非、巴西、中国及乌克兰前 10 个国家回收成本＜130 美元/kgU 的保有已查明的可回收铀资源占全球相应级别总资源量的 86.96%，回收成本＜260 美元/kgU 的保有已查明的可回收铀资源占全球相应级别总资源量的 81.33%（见表 1.2、图 1.5）。由此可见，世界铀资源的分布是很不均衡的。

表 1.2 全球保有已查明的可回收铀资源前 10 名国家所占份额

序号	国家	＜130 美元/kgU			＜260 美元/kgU		
		可回收/10^3 tU	占比/%	原地资源/10^3 tU	可回收/10^3 tU	占比/%	原地资源/10^3 tU
1	澳大利亚	1 664.1	29.10	2 466.6	1 780.8	23.30	2 630.5
2	哈萨克斯坦	745.3	13.03	836.5	941.6	12.32	1 072.9
3	加拿大	509	8.90	661.1	703.6	9.21	913.8
4	俄罗斯	507.8	8.88	634.7	695.2	9.10	869

续表

序号	国家	<130 美元/kgU			<260 美元/kgU		
		可回收/10^3 tU	占比/%	原地资源/10^3tU	可回收/10^3tU	占比/%	原地资源/10^3tU
5	纳米比亚	267	4.67	354	463	6.06	621
6	南非	322.4	5.64	450.3	449.3	5.88	630.6
7	尼日尔	291.5	5.10	356.5	411.3	5.38	443.6
8	巴西	276.8	4.84	382.3	276.8	3.62	382.3
9	中国	272.5	4.77	366.2	272.5	3.57	366.2
10	乌克兰	115.8	2.03	132.3	220.7	2.89	251
以上国家小计		4 972.2	86.96	6 640.5	6 214.8	81.33	8 180.9
其他国家		746.2	13.04	1 018.9	1 426.8	18.67	2 007.8
世界总计		5 718.4		7 659.4	7 641.6		10 188.7

注：据核能机构（NEA）和国际原子能机构（IAEA）《铀资源、生产与需求—2016》数据。

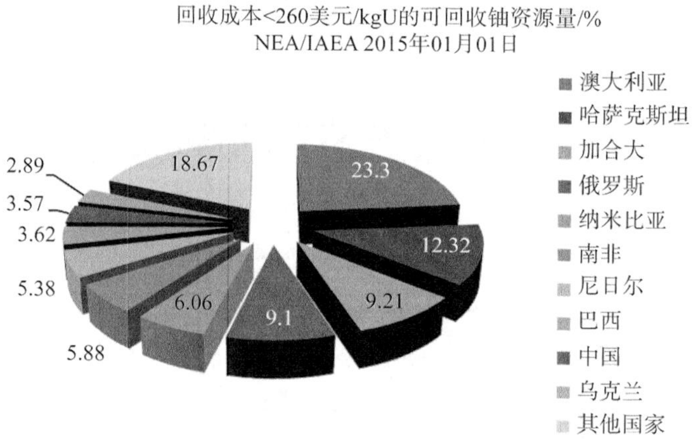

图 1.5 主要国家铀资源量占比

核能矿产资源作为一种战略资源，因其特殊的作用，被世界各国所重视。由于铀矿资源在世界上分布极不均匀，世界主要产铀国及各大财团利用其开采技术和资金优势，通过各种手段抢控资源，以谋求其核能矿产资源强国地位。截至目前，世界上大部分核能矿产资源被少数几家矿业企业所控制。据世界核能协会（WNA）统计，2014—2015 年铀产量主要集中在哈萨克斯坦、加拿大、澳大利亚、尼日尔、纳米比亚、俄罗斯、乌兹别克斯坦、美国、中国和乌克兰 10 个国家（见表 1.3，图 1.6），其铀生产占全球当年铀产量的 97%左右。从铀生产企业来看，2015 年全球产量的 89%份额被 Kazatomprom，Cameco，Areva，ARMZ（包括 U-one），RioTinto，Navoi，BHP Billton，Paladin 及中核和中广核（CNNC &CGN）十大铀矿公司控制（见表 1.4，图 1.6）。

表 1.3　2014—2015 年十大产铀国产量占比

国家	2014 年			2015 年		
	排名	产量/t	占比/%	排名	产量/t	占比/%
哈萨克斯坦	1	23 127	41.2	1	23 800	39.3
加拿大	2	9 134	16.2	2	13 325	22.0
澳大利亚	3	5 001	8.9	3	5 672	9.4
尼日尔	4	4 057	7.2	4	4 116	6.8
纳米比亚	5	3 255	5.8	6	2 993	4.9
俄罗斯	6	2 990	5.3	5	3 055	5.0
乌兹别克斯坦	7	2 400	4.3	7	2 385	3.9
美国	8	1 919	3.4	9	1 256	2.1
中国	9	1 500	2.7	8	1 616	2.7
乌克兰	10	926	1.6	10	1 200	2.0
其他国家		1 908	3.4		1 096	1.8
合计		56 217	100		60 514	100

表 1.4　2015 年世界十大铀生产商产量对比

企业名称	所在国家	企业性质	生产量/t	占比/%
KazAtomProm	哈萨克斯坦	国有	12 681	21.0
Cameco	加拿大	私有	10 926	18.1
Areva	法国	国有	9 368	15.5
ARMZ-Uranium One	俄罗斯	国有	7 849	13.0
CNNC	中国	国有	3 303	5.5
CGN				
BHP Billiton	澳大利亚	私有	3 179	5.3
Rio Tinto	英国	私有	2 757	4.6
Navoi	乌兹别克斯坦	国有	2 385	3.9
Paladin	澳大利亚	私有	1 435	2.4
其他			6 631	11.0
合计			60 514	100.0

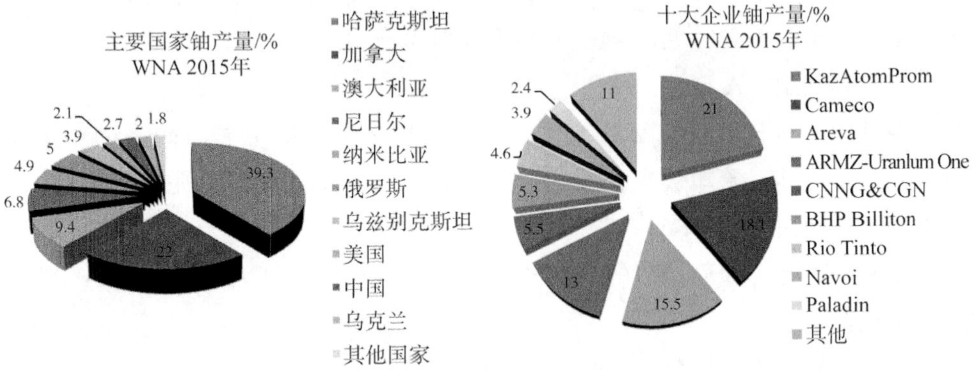

图 1.6　全球主要铀生产国和十大铀生产企业铀产量占比

上述十大铀生产企业，除 Cameco、BHP Billton、RioTinto、Paladin 4 家为私有企业外，其余 6 家都是国有控股企业。

上述十大铀生产商中大多数多元化经营程度较高，他们中有些拥有比较完整的核产业链，如法国 AREVA、俄罗斯 ARMZ 公司、中核集团拥有完整的核能产业链，中广核是中国最大的核电运营商之一，铀业收入只占其核产业链收入的一部分；有些在其他矿种方面也具有较强的开发能力，如 Rio Tinto 和 BHP Billiton 是世界级铁矿业巨头，铀业只是其经营的矿业品种之一，Navoi 也同时经营多个矿产品，Cameco 同时还经营金矿、核燃料并参股投资核电；只有 Paladin 公司是业务单一的铀业公司。

世界十大铀生产商中只有 AREVA 虽然地处铀资源不太丰富的法国，但却依靠其科技及资金实力在国外控制了丰富的铀资源并形成了巨大的铀产能，成为跨国大公司，其余 9 家公司则是凭借其本土铀资源的优势或是依托本土铀资源的优势并借助在本土积累的技术和资金实力实行跨国运作，成为掌控重要铀资源和产能的国际大公司。

根据上述全球铀资源赋存国、生产国、生产公司及控股国家等情况，结合考虑日本虽然没有控股的铀矿生产企业、但却与相当多的大公司合作参股了一些大型铀矿山并得到了核电所需的资源产品保障，我们将加拿大、澳大利亚、哈萨克斯坦、俄罗斯、法国、美国列为核能矿产资源强国，将中国、日本、纳米比亚、尼日尔等列为全球核能矿产资源大国。

1.3.2 世界核能矿产资源大国、强国的主要特征

世界核能矿产资源大国、强国发展壮大的原因主要有两点，一是依靠其本土资源优势发展强大，二是靠技术和资金实力跨国运作，控制海外资源。

综合分析，世界铀资源大国、强国可分成三类：第一类为资源禀赋型（A 型），第二类为资源掌控型（B 型），第三类为禀赋与掌控复合型（A+B 型）。

（1）资源禀赋型（A 型）

这种类型国家本身具有丰富的铀资源，资源质量在国际上具有较大的竞争能力，但从股权关系看，其资源却被掌控在他国公司手中，如纳米比亚和尼日尔，这两个国家的铀资源量均超过 40 万 tU，其产能也在 3 000 tU 以上，但其铀资源的开发权归属其本国的比例并不高，如尼日尔的铀资源的开发权主要归属于法国 AREVA 公司，部分归中国所有。

资源禀赋型核能矿产资源国家的特点：

1）铀成矿条件较好、资源潜力巨大，拥有全球著名的大型铀矿聚集区；

2）铀资源丰富、资源禀赋条件较好、开发成本较低，竞争力强，且资源主要为其他国家所掌控并进行开采；

3）资源所在国铀矿冶技术能力、资金不足或发展缓慢；

4）资源所在国目前尚未建设核电站，没有潜在的铀需求；

5）所生产铀产品主要销往国外；

6）基本不向国外扩张控制资源。

这种类型国家铀资源主要掌握在国外有实力的铀矿公司手中的主要原因是其核电发展还未起步，因而缺乏对铀资源的需求，加之其本身勘查开发能力或科技经济实力有限，主要是依托国外企业实力来进行铀资源勘查与开发。其资源开发的主要目的是吸引投资，促进就业，从而带动其经济发展。因此，该类型铀资源大国可归属于经济发展驱动型。

（2）资源掌控型（B 型）

这种类型国家本身铀资源并不丰富，但却在他国掌控了较多的铀资源。如法国和日本，其国内本身保有的铀资源很少，但通过在国外投资铀资源勘查和开发公司，却掌控了较多的铀资源量和生产权益产能（法国 AREVA 掌控的铀资源约 70 万 tU，年产能 9 400 tU，日本掌控的铀资源 15 万 tU，年权益产能 5 300 tU）。

资源掌控型核能矿产资源国家的特点：

1）国内铀资源贫乏或实行保护而不再开发；

2）具备先进的铀矿地质勘查、开采、水冶工艺技术或雄厚的资金优势；

3）国内核电占比大，核电发展大国，有较高的铀需求；

4）国家有政策及资金支持企业走出去进行国外铀资源开发；

5）依靠海外资源保障国内需求，积极向国外扩张控制资源，抢夺市场话语权。

这类型铀资源国家成功发展的原因是其国家科技经济实力较强，核电发展规模较大，对铀资源的需求强劲，加之其矿业企业走出去早，资源勘查开发实力强，国际矿产资源经略能力也强，因而在其国外掌控了大量的铀资源，并形成了较大的权益产能。

这类国家走出去开展铀资源勘查和开发，其目的主要是保障国内核电发展的铀资源需求，其次是通过资本市场运作和矿业开发获取经济回报。因此，该种铀资源大国可归属于核电需求驱动型。

（3）禀赋与掌控复合型（A＋B 型）

这种类型国家不仅本身具有丰富的铀资源，而且比较牢靠地掌控着本国的绝大多数铀资源，如美国、俄罗斯、澳大利亚、加拿大，其中有些国家，如俄罗斯、澳大利亚、加拿大，甚至还在其国外掌控较多的铀资源，并形成了较大的权益产能。

禀赋型与掌控复合型核能矿产资源国家的特点：

1）国内铀资源丰富；

2）矿业市场发达，矿业资本市场成熟，投资环境较好，融资渠道畅通；

3）拥有先进的铀矿地质勘查、开采、水冶工艺技术；

4）能够影响并主导全球铀资源勘查、开发未来走向；

5）积极向国外扩张控制资源，抢夺市场话语权；

6）有清晰的全球战略，强调全球视野、全球掌控，能够对资源、金融、规则、技术等进行有效的控制。

这一类核能矿产资源强国成功发展的原因大多是其国家政治、外交、科技、经济实力强，因而比较强调其国家或国内企业对铀资源的控制作用。此外，这一类国家多数有比较大的核电发展规模，对铀资源的需求也很强劲，加之其矿业资本市场比较发达，促进了矿业企业走出去，也提升了其资源勘查开发实力和国际矿产资源经略能力，因而不仅比较牢靠地掌控着本国的绝大多数铀资源，而且还在国外掌控了较多的铀资源，并形成了较大的权益产能。哈萨克斯坦是较为特殊的国家，政治、外交、科技、经济等实力不算强大，但依仗资源的绝对优势，依托其他强国，即使对外开发的部分铀矿项目也基本上是由哈原工控股。

1.4 我国核能矿产资源与世界核能矿产资源强国的差距

通过对全球核能矿产资源大国、强国特征指标对比分析可以看出（见表1.5），中国已经成为一个资源复合型大国，但是与加拿大、俄罗斯、澳大利亚、美国等资源强国相比还存在较大的差距。

1.4.1 资源禀赋特征方面

（1）国内资源规模及品级

从国内规模来看，与核能矿产资源强国相比，中国已查明的铀资源规模偏小，低于加拿大、澳大利亚、哈萨克斯坦、俄罗斯、纳米比亚及尼日尔等资源大国，高于法国和日本等。

表 1.5　全球核能矿产资源大国、强国特征指标对比分析

一级指标	二级指标	权重	加权分数	美国	俄罗斯	法国	加拿大	澳大利亚	日本	哈萨克斯坦	纳米比亚	尼日尔	中国
国内核能矿产资源保障能力	国内核能矿产资源（可回收）在全球的占比地位	2	10	3	10	0	10	10	0	10	8	8	5
	核能矿产资源供应保障能力	1	5	2	3	0	5	5	0	5	4	4	1
科技实力	科学技术水平	1	5	5	5	5	5	5	4	5	2	1	4
	装备能力水平	1	5	5	5	5	5	5	5	5	1	1	3
	科技创新能力	1	5	5	5	5	5	5	4	5	1	1	3
	研发投入强度	1	5	5	5	5	5	4	4	5	1	1	3
企业实力	世界十强核能矿产资源矿业公司排名	1	5	0	4	4	5	4	0	5	0	0	1
	矿业公司多元化水平（含产业延伸程度）	1	5	5	5	5	5	4	4	4	1	1	4
	盈利能力	1	5	3	4	3	5	5	2	5	2	2	3
国际核能矿产资源经略能力	资源掌控能力	2	10	6	6	10	10	10	2	0	0	0	6
	产品加工能力	1	5	5	5	5	4	2	3	2	0	0	5
	运输掌控能力	1	5	5	5	5	5	5	5	5	1	1	5
	市场控制能力	2	10	10	8	8	8	8	4	6	2	2	6
	产品保障能力	1	5	3	5	5	4	5	5	0	0	0	2

续表

一级指标	二级指标	权重	加权分数	美国	俄罗斯	法国	加拿大	澳大利亚	日本	哈萨克斯坦	纳米比亚	尼日尔	中国
可持续发展潜力	资源勘查投入强度	0.5	2.5	2	2	2	2.5	2.5	1.5	2	1.5	1.5	2
	矿产资源综合利用水平	0.5	2.5	2	2.5	2	2.5	2.5	2	2.5	1.5	1.5	2
	矿山绿色环保水平	0.5	2.5	2.5	2.5	2.5	2.5	2.5	2	2	1.5	1	2
	矿山安全水平	0.5	2.5	2.5	2.5	2.5	2.5	2.5	2	2.5	1.5	1	2
	能耗水耗水平	0.5	2.5	2.5	2	2	2.5	2.5	2	2.5	1.5	1.5	2
	国内核电发展需求	0.5	2.5	2.5	2	2.5	1.5	0	2	0	0	0	2.5
指标总得分			100	76	88.5	78.5	95	89.5	53.5	73.5	30.5	28.5	63.5
分类				A+B	A+B	B	A+B	A+B	B	A+B	A	A	A+B
排名				5	3	4	1	2	8	6	9	10	7

备注：本表原始打分采用 5 分制，打分标准参考如下：

（1）国内核能矿产资源在全球的占比地位（本国资源量）：5->50 万 t，4-40～<50 万 t，3-30～<40 万 t，2-20～<30 万 t，1-5～<20 万 t，0-<5 万 t，有的采用中间分如 1.5、2.5；

（2）核能矿产资源供应保障能力（本国产能）：5->5 000 t，4-4 000～<5 000 t，3-3 000～<4 000 t，2-2 000～<3 000 t，1-500～<2 000t，0<500 t；

（3）世界十强核能矿产资源矿业公司排名：5—有且综合排名前二；4—有且综合排名第三或第四；3—有且综合排名第五或第六；2—有且综合排名第七或第八；1—有但排名靠后；0—无世界十强；

（4）矿业公司多元化水平（含产业延伸程度）：5—多矿种开发及核产业链上下游经营水平均较高；4—多矿种开发或核产业链上下游经营水平较高；3—多矿种开发及核产业链上下游业务均有，但经营水平一般；2—具有多矿种开发或核产业链上下游业务，但经营水平一般；1—缺乏多矿种开发或核产业链上下游业务；

（5）资源掌控能力（国外资源量）：5->50 万 t，4-40～<50 万 t，3-30～<40 万 t，2-20～<30 万 t，1-5～<20 万 t，0-<5 万 t；

（6）市场控制能力（含国内及国外产品年销售量）：5->5 000 t，4-4 000～<5 000 t，3-3 000～<4 000 t，2-2 000～<3 000 t，1-500～<2 000 t，0<500 t；

（7）产品保障能力（国外权益年产能）：5->5 000 t，4-4 000～<5 000 t，3-3 000～<4 000 t，2-2 000～<3 000 t，1-500～<2 000 t，0<500 t；

（8）资源勘查投入强度（预计本国近 5 年年均投入）：5->5 亿美元，4-1～5 亿美元，3-5 000～10 000 万美元，2-1 000～5 000 万美元，1-<1 000 万美元；

（9）核能矿产资源强国分类：A—资源禀赋型，B—资源掌控型，A+B—禀赋与掌控复合型；

（10）表中分数为加权后的得分；

（11）美国国内铀资源因在 NEA/IAEA 的 2016 年版有一部分矿山的数据没有统计到，该项分值受到一定影响。

从国内铀资源品级来看，中国查明的铀资源品位总体较低，矿床品位多为0.05%～0.2%，全球品位最富的加拿大铀矿床的品位可高达百分之十几。尼日尔铀矿的平均品位也多在0.1%～0.5%之间。哈萨克斯坦的砂岩型铀矿铀矿品位虽然不高(0.03%～0.1%)，但可地浸，其开发成本也低廉。纳米比亚的铀矿虽然品位不高(0.02%～0.07%)，但其矿体规模大，并可露天开采，水冶性能好，开发成本也不高。澳大利亚的铀矿主要有四种类型，第一种类型是位于北领地的不整合面型，其品位较富（0.1%～0.5%)，开发成本较低；第二种类型是位于南澳奥林匹克坝的赤铁矿角砾杂岩型，其品位虽然不高（0.03%～0.06%)，规模巨大，且与Cu、Au、Fe、Ag等伴生，综合利用开发成本低；第三种类型是位于南澳的砂岩型铀矿，其品位较高(0.05%～0.3%)，并可地浸，开发成本也低；第四种类型是位于西澳的钙结岩型，品位0.03%～0.15%，开发成本估计低于60美元/lbU。

总体看，与核能矿产资源强国相比，中国查明的铀资源总量偏少，单个矿床规模偏小，矿床品位总体不高，资源开发成本总体偏高。

(2) 国外占有资源规模及品级

截至2016年年底，我国在国外掌控的权益铀资源34万tU，与俄罗斯、美国在其国外占有的铀资源量接近，但大大低于澳大利亚、加拿大及法国在其国外占有的铀资源量。

从国外占有资源品级来看，由于中国进入国际铀资源市场的时间较晚，在国外占有的铀资源大多已经是非优质资源，品位总体较低，矿床品位多为0.04%～0.2%，开发成本总体偏高。

1.4.2 资源勘查能力方面

总体来看，我国核能矿产资源勘查资金投入及勘查能力近些年有了很大的提高，取得一系列重大理论技术成果和铀矿找矿突破，但与世界核能矿产资源强国相比尚有一定差距。我国铀资源企业相应的勘查投入比加拿大、澳大利亚、哈萨克斯坦、俄罗斯、美国和法国等核能矿产资源强国少，勘查技术水平某些方面与这些核能矿产资源强国相比有一定差距[1,5,6]。具体表现在。

(1) 核能矿产资源的勘查深度和广度不够

我国铀矿勘查深度大都局限在300～500 m，只有少数矿床，比如邹家山、居隆庵、李家岭、棉花坑、蒙其古尔、大营、洪海沟等矿床达到500～1 000 m，而德国、俄罗斯铀矿勘查深度达2 000 m之多。在勘查广度方面，我国尚有近50%的可勘查面积处于空白状态，尤其是西藏、青海等地区勘查程度更低。我国非常规铀资源的勘查、评价工作尚处在起步阶段，而针对钍资源的勘查程度更低，许多钍矿床（点）是伴随铀或其他金属矿勘查过程中顺便发现的，到目前为止，除了开展少量的调查评价工作以外，几乎没有针对钍资源的专项勘查工作。

（2）核能矿产资源的地质基础研究还较为薄弱，综合集成研究不够

目前，核能矿产资源的地质基础研究工作资金投入严重不足，在国家层面尚缺乏统一规划和总体部署以及固定渠道。针对成矿区带或重要的矿田和矿集区开展的勘查、研究工作相对较多，而针对全国乃至走向国际的核能矿产资源的规划、评价工作相对匮乏，对影响今后找矿的重大地质问题缺乏整体性、集成性研究，核能矿产资源成矿理论的研究水平尚需深化和提升。

（3）铀矿田/矿化集中区还缺少精细评价，铀成矿区带预测评价工作滞后

据现有认识和资料预测，近 30 个铀矿田/矿化集中区的资源量是已查明资源量的 3 倍，也是近期铀矿资源储量的主要增长点所在，但深部和外围找矿的前期预测研究极为不够，深部成矿环境研究评价程度较低。大多数铀成矿区带的大中比例尺资源潜力评价和具体靶区的预测及圈定工作极为有限，从而制约了下一步铀资源勘查工作的总体部署。

（4）找矿仪器研发能力与世界部分核能矿产资源强国相比还存在很大差距

高端物化探仪器、分析测试仪器基本依赖进口，不仅仪器研发核心技术受制于人，而且直接影响到相应的软件开发应用及仪器功能的拓展。

（5）勘查技术水平与世界强国相比尚有一定差距

物化探、遥感、航测等技术受复杂地形和植被的制约，探测技术和解译技术都与国际先进技术存有较大差距，亟待提高。

（6）数字化铀矿勘查技术能力较弱

三维数字化技术能全面、动态、直观、高效、准确地反映不同地质体（矿体）的空间展布规律和形态特征，对资源勘查、资源/储量估算、成矿预测、技术经济评价等具有重要意义。以数字化带动铀矿工业现代化是国际上的成功做法，美国、加拿大、澳大利亚等核能矿产资源强国拥有先进的铀矿勘查数字化能力。近十多年来，我国铀矿勘查中计算机制图软件的应用和部分流程环节实现数字化采集及处理，极大地提高了图件质量和工作效率，但总体上还习惯于用传统方法开展原始编录、测量、制图、资源/储量估算和评价等勘查工作，缺乏成熟的能够统一管理和集成空间信息、动态信息和管理信息的三维数字化基础平台，数字化勘查技术水平与世界核能矿产资源强国还有相当的差距，极大地制约了我国铀矿勘查的现代化进程。

1.4.3 资源开发能力方面

据 NEA/IAEA《铀资源、生产与需求—2016》，2014 年世界上有 21 个国家 50 多

座铀矿山在生产运行，其中露天开采占14%，地下开采占27.3%，地浸占50.8%，共产品/副产品回收占6.8%，堆浸占0.3%，其他0.1%。由此可见，世界铀矿采冶技术以露天开采、地下开采等常规采冶工艺和地浸采铀工艺为主，堆浸主要用于处理低品位铀矿石。

据NEA/IAEA《铀资源、生产与需求—2016》，我国有6个铀矿采冶企业在生产运行，2014年铀产量为1 550 t，2015年预计为1 600 t，占世界天然铀年总产量的比例还较低，我国铀矿采冶技术以地浸采铀工艺和地下开采—堆浸工艺为主，常规搅拌浸出占比不高（见图1.2）。

总体来看，我国拥有完整的铀矿采冶工业体系和适合我国铀资源特点的铀矿采冶工艺技术，精细堆浸提铀技术、酸法地浸和CO_2+O_2地浸工艺技术均达到了国际先进水平。但与世界核能矿产资源开发强国相比，我国铀矿采冶生产规模相对较小，地下开采、露天开采生产效率低，采掘设备落后，设备能耗高；地浸采铀钻孔钻进成井技术较美国、哈萨克斯坦等国家效率低、成本高；铀多金属选冶综合回收技术与澳大利亚、俄罗斯、法国等国相比还有较大的差距[7]。因此，总体上我国铀资源开发能力与加拿大、澳大利亚、哈萨克斯坦、俄罗斯、美国和法国等核能矿产资源强国相比还存在一定的差距，具体表现在以下几个方面。

（1）铀矿采冶基础研究相对薄弱

近二十年来，为适应我国核工业发展对天然铀产品的迫切要求，铀矿采冶科研大都以满足产能建设和生产需求的应用研究为主，针对铀矿采冶的基础理论研究很少开展，针对矿性复杂难处理铀资源及多金属共伴生铀资源的选冶缺乏基础性的机理研究，关键技术难以突破，致使大量已查明的铀多金属资源还难以经济有效地开发利用。

（2）地下开采效率低，采掘装备落后

地下开采一直是我国铀矿开采的主要方式，与加拿大、澳大利亚、纳米比亚及南非等铀矿生产大国的高效采矿技术和先进采掘装备相比差距较大。由于我国铀矿床规模较小，大多矿体呈脉状产出，矿体小、厚度薄，生产矿井中大多采用水平干式充填采矿法。该采矿工艺复杂，采矿装备相对落后，采矿损失贫化率高，回采周期长、生产效率低。由于采矿科研投入严重不足，采矿技术研发平台缺失，大量群脉状小矿体、薄矿体的开采缺乏科学高效采矿技术，适合小规模矿井的高效采、掘、运装备配套研究严重滞后，深部采矿理论、技术及配套设备研究刚刚起步。

（3）地浸浸出机理及钻孔成井技术研究不足

我国地浸（酸法、CO_2+O_2）采铀技术已跻身世界先进行列，形成了包括地浸铀资源评价方法、钻孔结构与成井工艺、井型井距的确定、抽注系统的优化、浸出剂配制与使用，溶浸范围控制、浸出液处理工艺和全流程自动化控制等技术体系。但是，与美国、俄罗斯、哈萨克斯坦等地浸采铀技术先进国家相比，我国地浸采铀矿山规模小，全员劳动生产率低，地浸浸出机理研究、溶液渗流模拟与控制技术相对薄弱，高效钻井设备和钻孔施工成井技术落后，尤其是地浸钻孔成井的逆向注浆、套管切割、过滤器更换、中子测井、钻孔压力测试等关键技术尚未完全掌握[8]。

（4）常规水冶工艺及设备缺乏系统研究

常规水冶工艺是当今世界核能矿产资源强国的主要开发工艺，既用于处理高品位矿石（如加拿大麦克阿瑟河矿，铀平均品位 21%），也用于处理低品位矿石（如纳米比亚，铀品位 0.03%）。在我国铀矿冶工业创立阶段，常规水冶工艺曾是主导工艺，先后开发了花岗岩型矿石酸浸清液萃取流程，火山岩型矿石酸法淋萃流程，碳硅泥岩型矿石酸浸离子交换流程，碳酸盐型矿石加压—加温碱法浸出流程，含铀煤型矿石低温燃烧发电—煤灰酸浸矿浆萃取流程，研制了固定床、密实移动床、流化床等离子交换设备，研发了多种离子交换树脂、胺类萃取剂、絮凝剂等提铀材料。近三十年来，随着我国地浸、堆浸工艺技术的快速发展，搅拌浸出工艺技术进步不大。与世界核能矿产资源强国相比，我国搅拌浸出工艺铀回收率较低，材料消耗大，设备能耗高，自动化水平低，由于开采贫化率高，与之配套的选矿设备研究缺少，体系不完善，致使生产成本增加，尤其是针对矿石破磨、搅拌浸出、固液分离、溶剂萃取、放射性选矿设备等关键工序的技术与设备缺乏系统性优化研究，影响了铀及多金属资源的综合开发利用。

（5）堆浸单堆规模小，筑堆设备落后

与国外将堆浸作为处理低品位（品位＜0.1%）铀矿石的辅助工艺不同，在我国“十三五”之前堆浸是铀矿采冶的主工艺，并已得到广泛工业应用。研发了矿石破碎粒度计算模型、细粒级堆浸、多堆串联堆浸、浓酸熟化-高铁淋滤堆浸、酸法制粒堆浸、生物细菌助浸及堆冶联合浸出工艺等一系列新技术，矿石浸出率达 90%以上，浸出周期为 60～150 天，浸出剂消耗较搅拌浸出低 10%～20%，成本低 20%左右，整体技术处于国际先进水平。但与国外堆浸配备大型前端式装载机、皮带运输机和重型后卸式汽车等筑堆设备相比，筑堆机械化程度低。

（6）安全环保技术研究的深度和广度不够

与世界主要铀资源开发强国一样，为减少铀矿采冶产生的废气、废水、废渣对职业照射、公众健康和环境的影响，我国在铀矿采冶氡的迁移、扩散规律研究，氡及氡子体的测量技术，铀矿井通风降氡技术，个人职业照射剂量评价，采冶废水、废渣安全处置，铀矿冶设施退役治理，地浸地下水污染控制等方面取得了大量成果，制订了一系列标准规范。但是，与世界主要铀资源开发强国相比，研究的深度和广度不够，对不同采矿工艺、不同通风方式的氡析出机理和通风降氡技术，退役治理设施长期稳定化技术，土壤环境修复技术，微生物—植物去除技术，人工湿地技术及废物最小化技术等缺乏深入研究，对地浸采铀地下水污染三维数值模拟与治理修复技术，膜处理技术，生物处理及电化学处理等涉及不多，地浸地下水污染治理与修复技术还缺少工程化应用，地浸工艺废水深井处置技术尚未开展研究[9]。

(7) 数字化矿山技术研究刚刚起步

数字化矿山技术是一门多学科的系统工程技术，是信息时代和知识经济结合的产物。数字化矿山是建立在数字化、信息化、虚拟化、智能化、集成化基础上的，由计算机网络管理的管控一体化系统，它综合考虑生产、经营、管理、环境、资源、安全和效益等各种因素，使企业实现整体协调优化，在保障企业可持续发展的前提下，达到提高其整体效益、市场竞争力和适应能力的目的。因此，数字化矿山建设是提高安全生产效率，降低生产成本，提升竞争力和现代化管理水平的有效途径。世界铀资源开发强国不但拥有先进的数字化技术开发能力，而且还具有数字化矿山建设的先进理念和成功经验。与美国、加拿大、澳大利亚等核能矿产资源强国相比，我国铀矿的数字化技术研发和数字化矿山还刚刚起步，仅地浸采铀矿山实现了全流程的自动控制和生产数据的采集，与真正意义的数字化矿山建设还有较大的差距。

1.4.4 利用国际资源能力方面

截至目前，我国有中核集团、中广核集团、中钢集团、中国有色地质调查中心、中国冶金地质总局等央企和湖南省核工业地质局、江西省核工业地质局等有关省局及个别民营企业已经走出国门开展海外铀资源勘查与开发工作。其中，中核集团和中广核集团取得了较好的工作成果，控制资源（通过控股、参股等占有）近 48 万 tU，目前已经形成权益产能 1 600 tU/a，2016 年天然铀产量 1 200 tU/a 左右。2014 年中核集团还成功收购了 LH 控股公司 25%股权和 LH 项目公司 25%债权，目前项目运行良好。如果中广核集团在纳米比亚的湖山项目实现达产，中核集团和中广核集团在国外的权益产能将达到 6 600 tU/a。但与世界核能矿产资源强国相比（见表 1.5），我国铀资源企业目前在核能矿产资源国际经略能力方面仅仅强于纳米比亚、尼日尔、日本等，还稍逊于美国，与加拿大、澳大利亚、俄罗斯、法国等世界核能矿产资源强国相比还有较大的差距，具体表现如下。

(1) 资源掌控量和形成的产能规模不大

由于“走出去”时间较短，我国铀资源企业目前掌握的权益资源数量不多，质量不高，品位较低，核能矿产资源的海外产能还不高，产品对国内需求的保障力还不够，对国际市场的影响力及控制力也较弱。

(2) 国际化矿业人才不足

我国的海外铀资源开发起步较晚，在 2006 年才开始进入海外铀资源市场。我国虽然在国内铀资源开发方面有所积累，但几乎所有铀资源开发从业人员都没有国际矿山企业工作经验。近十年来，经过不断探索，在海外铀资源开发方面取得了一些成绩，但也暴露了一些问题。目前国内铀资源开发方面懂技术、会管理而又精通国际企业合作运营、了解项目所在国家的政治、经济、法律、文化等方面的人才明显不足，使海外铀资源开发面临一定的困难。

（3）缺乏大型矿山企业管理经验

国内矿山产能几乎都较小，以往最大的铀矿山年产能也仅 500 tU 左右，只有个别矿山最近达到千吨级规模。而要进行海外铀资源开发，为增加项目的经济性，大型矿山也是我们的首选目标之一，如：中广核介入的纳米比亚湖山铀矿山设计年产能高达 5 775 tU。产能的提升势必带来管理上的难度，而这方面的经验正是我们目前所缺乏的。

造成上述差距的主要原因如下。

（1）我国海外铀资源开发工作起步太晚

当我国铀资源开发企业从 2006 年开始进入海外开发时，全球低成本的铀资源已经被起步很早的 Cameco，Areva，RioTinto，ARMZ，BHP Billton，Paladin 等世界国际知名铀生产企业瓜分殆尽。

（2）铀资源开发尚未实现抱团出海

目前我国走出去的资源开发企业基本上属于各自为战，不如日本、俄罗斯、法国那样具有整体优势。国内企业在海外铀资源市场开发中的相互压价、不规范竞争等行为，不但影响交易标的价格、加大投资成本，还增加了企业境外投资、兼并收购的难度。

（3）企业海外铀资源开发资金不足

从近几年项目开发情况看，我国企业自有资金不足，国家财政资金支持有限且逐年降低，银行贷款保证条件严苛。特别是当铀价低迷时，上述资金供给就更加不足，以致已有运营项目现金流极其紧张，面临无法维持运转的局面，这时候即使有新的投资机遇出现，也由于收购资金不落实而很难深入进行下去。因此，资金问题已严重制约了海外铀资源开发工作的开展。

综上所述，中国虽然资源比较丰富，也具有一定的开发能力，近几年的“走出去”也取得了一些成就，总体已经迈入全球资源大国行列，发展目标应是禀赋与掌控复合型（A＋B 型）强国，但从综合指标看，现在与加拿大、澳大利亚、哈萨克斯坦、法国和美国等核能矿产资源强国相比还存在较大的差距，特别是与加拿大、澳大利亚、俄罗斯的差距更为显著。

1.5 对实现核能矿产资源强国的展望

1.5.1 实现核能矿产资源强国的现有基本条件

（1）有巨大需求

中国是全球资源消费第一大国，中国经济的快速增长，带动矿产资源需求迅猛增加，成为新一轮全球矿产资源消费不断攀升的重要推动力。在核能矿产资源领域，中国在建核电规模位居全球第一，未来庞大的核能矿产资源需求在为中国资源安全带来严峻挑战的同时，也为我国核能矿产资源从大国走向强国提供了良好的市场环境。

（2）有完整的核工业体系

通过数十年的建设，中国已成为全球矿产资源生产量第一大国，中国资源的大量消费带动了矿产资源开采加工的发展，已建成一整套完整的矿业工业体系，积累了大量矿业开发经验和技术。在核能矿产资源开发领域，中国是世界上少数几个拥有完整核燃料循环工业体系的国家之一，能够有效支撑中国成为核能矿产资源强国。

（3）我国核能矿产资源潜在总量较丰富

通过 60 多年的勘查，先后完成大部分国土面积的航空放射性测量及地面放射性地质、物探、放射性水化学、遥感地质等专业性区域调查，查明了数百个铀矿床，最近 10 多年在北方沉积盆地铀矿勘查取得了重大突破，为奠定核能矿产资源强国地位打下了较好的资源基础。

（4）有成熟的地质勘查理论技术体系

在铀矿地质勘查和成矿理论研究方面，中国已建立了集基础地质、矿产地质、航测遥感、物化探、探矿工程、分析测试、成矿预测研究于一体的完整的放射性矿产资源勘查工作体系，形成了具有中国地质特色的花岗岩型、火山岩型、砂岩型和碳硅泥岩型的四大重要铀矿类型地质成矿理论。印支—燕山期花岗岩、中生代中酸性火山岩、陆相沉积盆地、晚震旦世—二叠纪海相碳硅泥岩建造的铀矿地质研究水平居国际先进水平。

（5）有完整的铀资源采冶技术体系

我国铀采冶工业经过 60 多年的发展，先后建设了数十座铀矿山、铀水冶厂及配套的铀矿采冶技术研究设计院所，形成了完整的铀矿采冶工业和技术研发体系，自主研发了适合我国铀矿资源特点的常规采冶技术、堆浸提铀技术、原地破碎浸出技术、地浸采铀技术和含铀硼铁矿、铀钼矿等与铀共伴生金属综合回收利用技术，是全世界铀矿采冶工艺技术最齐全的国家。我国堆浸提铀技术和酸法地浸、CO_2+O_2 地浸技术都达到了世界先进水平。

（6）有较完备的科技创新基础平台

国家高度重视核工业体系建设工作，在国家有关部委的大力支持下，铀矿地质勘查通过数字能力建设和技术改造升级，已建成国家级重点实验室—集团公司重点实验室—区域分析测试中心“三位一体”的技术创新平台，铀矿采冶科研院所通过基础能力建设和实验室改造升级，装备了一批高水平、高精度的科研仪器设备，建成了集团公司溶浸采矿重点实验室、铀提取冶金重点实验室和铀矿采冶工程技术中心，形成了基础研究与工程技术研究相配套的科研平台，为实现核能矿产资源强国提供了可靠技术保证。

（7）有较强的人才队伍

近年来，在核电发展对铀资源需求增加的推动下，我国铀资源勘查开发成果显著，发展势头良好，开发前景乐观，铀资源勘查开发科研院所不仅拥有装备先进、配套完善的科研实验装备设施，而且还培养造就了一支具有相当技术水平地质勘查、铀矿采冶科研队伍，为实现核能矿产资源强国提供了人才保证。

（8）有“走出去”的初步经验和成果

为确保国内核电天然铀的安全供应，近年来，我国在加大国内铀资源勘查力度的同时，开始积极拓展海外资源。国内新增铀资源量较 2001 年之前增加了 80%，海外已控制铀资源量达 48 万 tU，占有的权益铀资源量 34 万 tU，国内保有铀资源储量加上已控制的海外铀资源量能够基本满足 2030 年前我国核电发展的铀资源需求，但天然铀生产供应方面仍存在差距，需一定量的天然铀贸易补充，按照我国国内外已有铀矿项目的建设、生产计划，2020 年之前，我国国内外天然铀生产量能满足核电发展对天然铀的需求，2020—2030 年间，随着我国核电快速发展，现有的国内外天然铀生产量将逐步小于核电发展的天然铀需求量，且差距逐步扩大，国际天然铀贸易压力也不断增加，需要扩大国内铀生产和加快海外铀资源开发的力度。

1.5.2 实现核能矿产资源强国的时间及可能性分析

（1）时间

2020 年，我国跻身世界核能矿产资源强国行列。预计 2030 年，我国进入世界核能矿产资源强国前列，成为拥有强大国际竞争力的核能矿产资源强国。

（2）可能性分析

1）全球资源供需格局变革对实现我国核能矿产资源强国提供了难得的机遇

新的历史时期，全球资源供需格局已经发生了重大调整，地缘政治格局势必迎来新一轮的深度调整。中国作为全球最大的、最活跃的矿业发展国，必将成为此次变革的中坚力量，并将充分利用资源、产业、金融等优势，来奠定和巩固其世界矿业强国的地位。

2）全球矿业形势有利于利用好国际市场

全球矿业形势的持续低迷，尤其是福岛核事故以后，全球核能矿产资源供需形势和铀产品价格出现了重大变化和调整（见图 1.7），为新一轮全球核能矿产资源配置和兼并重组提供了绝佳的机会。占有、控制、开发和使用全球矿产资源的能力是衡量大国与强国的重要标志，中国正抓住这一机遇，借助巨大的核燃料需求和市场优势，加快全球资源战略布局，并已在资源全球化配置过程中迈出了坚实的步伐。

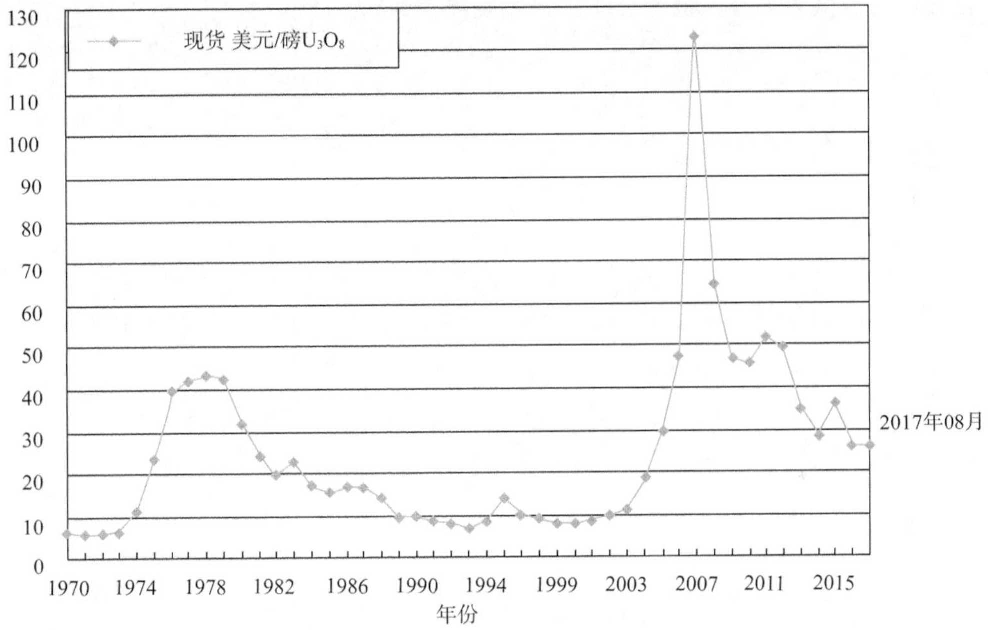

图 1.7　1970—2017 年世界天然铀市场价格

3）国家重视、支持企业走出去进行海外资源开发

在国家政府的鼓励和支持下，中石油和中国有色等国企在 20 世纪 90 年代就开始走出去。党的十六大提出坚持“引进来”和“走出去”后，国家更加重视、支持企业走出去进行海外资源开发。尽管海外资源开发面临许多错综复杂的竞争局面，经过十几年的努力，中石油、中石化、中海油、中钢、中国有色、五矿集团的海外资源开发还是取得了丰硕的成果，如中石油、中石化、中海油等石油企业 2014 年在境外的权益石油产量已超过 1.3 亿 t，相当于国内石油总产量的 62%。因此，我们有理由相信，在党和国家的高度重视下，我们也有望在未来十年左右使我国成为核能矿产资源强国。

4）党的十八大以来，国家高度重视“一带一路”合作倡议，为我国加快核能矿产

资源强国建设“走出去”提供了新的动力

“一带一路”沿线64个国家，为核能矿产资源勘查和开发提供了巨大的市场空间。其中，现有在运营核电的国家12个，核电机组100座，62.5 GW；没有在运营核电但有在建核电的国家3个，没有核电但计划建设或规划建设核电的国家12个。在建核电机组22座，20.4 GW；计划建设核电机组79座，79.4 GW；规划建设核电机组151座，165.4 GW。尤其是陆上丝绸之路地处全球地缘政治体系的轴心，是全球面积最大、人口最多、经济活动相对集中的区域。沿该带从中国北方到蒙古、俄罗斯、哈萨克、乌兹别克、土耳其、捷克是世界著名的欧亚纬向巨型铀成矿带，一系列大型、超大型铀矿星罗棋布，核能矿产资源极为丰富，可以通过合作共赢的模式，既可为我国提供重要的资源供应渠道，也为合作国提供发展机遇。

2 核能矿产资源强国战略的指导思想、目标和实现途径

2.1 指导思想

全面贯彻党的十八大、十九大精神，按照“创新、协调、绿色、开放、共享”发展理念，坚持走中国特色核能矿产资源强国道路，坚持“双重资源保障、两轮创新驱动、动态优化结构、开放合作共赢、绿色持续发展”的方针，立足国内，拓展海外，加快提升核能矿产资源企业实力，加强海外铀资源的开发利用，以实现可持续发展为方向，以满足我国核能发展和国防建设对核能矿产资源的需求为目标，强化基础，提高科技创新水平，完善多层次多类型复合人才培养体系，到 2030 年争取进入世界核能矿产资源强国前列。

（1）双重资源保障

坚持把核能矿产资源安全保障作为实现核能矿产资源强国的生命线，加强核能矿产资源产业科技创新，提高企业核心竞争力，加大人才培养力度，建设核能矿产资源具有国内国外两种资源双重保障的供应体系，实现核能矿产资源供需的可持续发展。

（2）两轮创新驱动

坚持把机制创新和科技创新摆在核能矿产资源产业发展全局的核心位置，实现两轮创新驱动发展，完善有利于资源勘查开发和贸易的创新发展及提高掌控能力的制度环境，推动地矿一体、国内国外、铀和非铀跨领域跨行业协同创新，突破一批重点领域关键共性技术，实施一批重点示范工程，为实现核能矿产资源强国提供动力。

（3）动态优化结构

坚持把调整、优化结构作为建设核能矿产资源强国的关键环节，大力发展先进勘查和开发技术，提高核能矿产资源利用效率，降低开发成本，培育一批具有核心竞争力的产业集群和企业群体，走提质增效的发展道路，充分协调用好国内、国外两个市场，充分协调好国内不同类型铀矿资源的开发，建立动态灵活、抗风险能力强、确保赢利的结构优化机制。

（4）开放合作共赢

坚持“开放、包容、合作、共赢”理念，国内开展跨领域跨行业灵活多样的合作，

国外发挥我国政治、经济、军事和外交的优势，开展勘查开发的多渠道、多方式、多层次合作，统筹建立国内国外核能矿产资源保障体系，走开放合作共赢的发展道路。

（5）绿色持续发展

坚持把绿色安全可持续发展作为建设核能矿产资源强国的着力点，加强节能环保技术、工艺、装备的推广应用，全面推行安全环保生产。发展资源循环经济，提高资源回收利用效率，构建绿色核能矿产资源产业体系，走生态文明安全绿色的发展道路。

2.2 战略目标

立足国内，拓展海外，力争通过“二步走”实现核能矿产资源强国的战略目标。

第一步：力争到2020年迈入核能矿产资源强国行列

到2020年，建立与我国核能发展相适应的资源安全保障体系，成为核能矿产资源产业大国，国内国外核能矿产资源勘查、开发和贸易的综合保障能力迈入核能矿产资源强国行列。掌握一批重点领域关键核心技术，优势领域竞争力进一步增强，勘查能力大幅提升，实现500～1 500 m深度铀矿“第二找矿空间”的新突破，国内国外掌控资源达到世界前三的排名，突破一批采冶先进工艺技术，开发效率大幅提高、成本大幅降低，单位工业增加值能耗、物耗及污染物排放明显下降，建立多渠道、多方式的安全可靠的核能矿产资源产品贸易体系和能满足5年以上需求的天然铀储备量。

创新能力显著增强，全员劳动生产率明显提高，两化（工业化和信息化）融合迈上新台阶，构建具有较强国际竞争力的跨国公司，在全球核能矿产资源产业中的地位明显提升，行业竞争力达到世界先进水平。

第二步：再用10年时间，即到2030年迈入核能矿产资源强国前列

到2030年，核能矿产资源产业大国地位更加巩固，综合实力进入世界强国前列，创新能力大幅提升，整体竞争力明显增强，主要领域具有创新引领能力和明显竞争优势，建成全球领先的技术体系和产业体系，站在核能工业产业及应用领域制高点，勘查、开发和贸易并行推进，使核能矿产资源的综合保障能力达到世界前列水平。

2.3 实现途径

（1）大力提升核能矿产资源科技创新水平

一是加强科研平台条件和人才队伍建设，大力提升核能矿产资源科技创新能力；二是通过重大项目和示范工程的实施，突破制约核能矿产资源找矿突破和开发的关键技术，以创新驱动发展，同时为海外资源掌控和开发提供强有力的技术支撑，提高国际竞争力。

（2）加快国内铀资源勘查的新突破，为核能矿产资源强国提供基础保障

我国经过60多年的勘查，发现了一大批铀矿床和一定量的钍资源，同时研究表明，我国是一个资源潜力较丰富的国家，核能矿产资源勘查程度较低，勘查深度有限，找矿前景很大，通过加大国内铀资源勘查力度，核能矿产资源勘查取得更多突破，为实现核能矿产资源强国提供基本保障。

（3）创新核能矿产资源开发工艺技术，降低成本，提高效率

进一步加强采选冶工艺基础理论和浸出机理及体系研究，突破复杂难处理资源和铀多金属资源选冶关键技术，提高资源综合回收率；创新地浸工艺钻孔成井技术，突破超深砂岩型铀资源的地浸采铀关键技术；推进数字化、智能化地浸铀矿大基地建设，加强铀矿高效安全开采技术和采掘装备配套研究，改进优化常规水冶工艺，突破搅拌浸出固液分离和溶剂萃取的关键设备，大幅降低采冶成本；开展非常规核能矿产资源及钍资源开发工艺的深入研究，充分利用低品位资源和共伴生资源，实现资源利用的最大化。

（4）发挥综合国力优势，加强海外核能矿产资源开发

除了发挥科技创新和企业能力外，还要发挥国家政治、经济、军事和外交的综合优势，加强海外核能矿产资源勘查掌控和开发、贸易，提升国际综合经略能力，充分利用好国际和国内两个市场，形成优势互补、综合平衡的最优化资源保障能力。

（5）贯彻绿色发展理念，实现铀资源开发与环境保护协调发展

吸收与借鉴国际先进经验，依托国内科研与技术力量，自主创新、自主研发，从地质勘查、矿山设计与建设、采选冶加工到矿山退役与环境修复的全过程，按照资源利用集约化、开采方式科学化、企业管理规范化、生产工艺高效化、矿山环境友好化的要求开发经营，实现铀矿资源开发与生态环境保护协调发展和铀矿冶经济的持续健康发展。

3 实现核能矿产资源强国的技术路线

3.1 实现核能矿产资源强国的勘查技术路线

通过加强地质理论创新和重大基础地质问题的研究，通过关键技术、前沿技术攻关和关键设备仪器自主化研发，形成世界先进的核能矿产资源勘查理论技术体系和能力，促进核能矿产资源新区、新类型的找矿突破，为实现核能矿产资源强国提供强有力理论技术支撑。

3.1.1 理论创新与重大基础地质研究

（1）热液型铀矿深源成矿理论研究

深入研究影响大型热液型铀矿成矿作用的关键地质事件及成矿作用过程和机理，深入研究热液型铀矿铀的来源、迁移形式、沉淀富集条件，铀矿化作用与岩浆—热液作用的时空和成生联系，铀矿化集中区带控制因素和动力学机制，热液成矿流体有机碳氢化合物组分的成因及其对成矿的影响，创新发展深源成矿、热点成矿、叠合成矿等理论，充分研究成矿期后的改造和保矿条件、特富矿体的地质环境和形成机理等，为深部第二找矿空间和新区成矿预测提供理论基础。

（2）砂岩型铀矿大规模成矿作用研究

深入开展砂岩型铀矿大规模成矿作用的构造—建造—改造的耦合关系和成矿过程研究，深化“叠合复成因砂岩型铀矿成矿理论”研究，进一步研究砂岩铀矿开放体系多种物源铀源、多种成矿流体与多种成矿作用的相互作用和对成矿的贡献，研究构造事件、基性岩浆活动与多期次成矿作用的关联性，研究我国北方中东部沉积盆地广泛发育的砂岩型铀矿板状矿体的成因，研究砂岩铀矿超常富集的机理、有机和无机流体的相互作用、深部热源与成矿的关系、古水文地质作用、古地貌恢复等，以阐明砂岩型铀矿大规模成矿作用的成因和控矿因素，指导各大盆地区域层面的找矿和深部找矿。

（3）铀多金属成矿体系研究

开展铀多金属，包括铀—钼、铀—金、铀—铜、铀—铅锌、铀—铍等的共生和时空关系，研究不同时代，如太古代成矿体系、古生代成矿体系、中生代成矿体系及新生代成矿体系，建立不同矿种时代空间谱系，推动铀多金属找矿和开发工作。

（4）新区新类型探索研究

加强我国新区新类型铀成矿条件研究，总结其成矿规律，建立相应的成矿模式和找矿模式，并借鉴国外“不整合面型”“角砾杂岩型”“钙结岩型”等著名特有的超大型铀矿，积极探索这些在国内稀缺的铀矿类型。同时要开展钍资源和非常规铀资源的综合调查和评价工作。

3.1.2 关键技术和前沿技术攻关

（1）铀资源大数据找矿预测技术

集成国内外，特别是我国 60 多年积累的铀矿地质研究、勘查生产地质、物化探、遥感和钻探工程等海量数据资料，构建铀矿地质大数据库，通过数据的分类、聚类分析处理，建立大数据分析预测模型，分析研究铀矿成矿规律和控矿因素，开展资源可利用性评价及成矿预测。

（2）地质找矿三维填图和预测技术

集成地质、地球物理和钻探工程等信息资料，构建多元三维信息数据集成系统，开展大型铀矿集区三维填图和立体预测评价技术研究，进行三维成矿预测和找矿。

（3）高光谱遥感地质找矿技术

研究铀成矿各种控矿要素地学和遥感物理学特征，探讨多尺度光谱耦合机制及其铀矿找矿应用新途径，开拓全谱段高光谱遥感异常信息探测新方法，开展高光谱矿物—蚀变填图、微波遥感地质勘查技术研究和遥感与多源地学信息集成研究—3D/4D 地质填图等。

（4）无人机航空物探技术

重点开发以无人机为载体的测量装备和技术，加快无源稳谱航空伽玛能谱仪、航空地球物理数据处理软件平台等航空放射性地球物理勘查设备软硬件的自主研制，加强航空电磁测量技术开发应用，加强深部铀矿化信息提取、全谱数据处理解释软件系统研发等航空地球物理勘查技术研究。

（5）高精度地面物化探及测井技术

开展复杂条件下铀资源探测的物探技术研究，地球化学勘查设备研发、深部化探测量方法研究及纳米技术在物化探测量中的应用研究，开展大深度放射性测井技术研究，提高探测的深度和精度。

（6）数据集成和全国铀资源潜力动态评价技术

充分利用 GIS、信息化技术及最新勘查评价成果，开展多元数据集成分析和全国铀资源潜力动态评价，不断更新全国铀资源“家底”。对我国重要铀成矿区带开展成矿地质背景及成矿环境、控矿因素及成矿机理、构造体系识别及控矿构造精细解剖、成矿流体—矿化蚀变场识别、地球化学元素组合及核素综合示踪、有利成矿环境高精度探测识别、深部铀矿化直接探测识别、基于大数据的铀资源潜力定量估算等研究，圈定或落实具有找矿潜力的铀资源勘查靶区。

（7）先进精细微区分析测试技术

开展以 XRF＋ICP-MS 为主线的标准分析方法和固体样品直接分析测试技术研究，加快野外 U-Ra 平衡系数和其他放射性元素准确快速检测技术及一体化装备研制，加强铀系核素链检测技术、流体包体与有机分析技术、（U-Th）/He 低温热年代学定年技术、氟化法测定硅酸盐 Si、O 及硫化物 S 同位素技术、U-Th-Pb 微区原位化学测年方法、岩石土壤中挥发性有机物测定技术、惰性气体同位素分析测试技术等精细微区分析技术研究，为铀矿找矿提供强有力的支撑。

3.1.3 关键仪器和设备研发

我国目前在放射性勘查仪器及方法研究领域投入的资金和技术力量相对较小，尤其是对新型探测器在铀矿地质勘查中的应用、攻深找盲新仪器研发等方面尚不能完全满足核地质系统科研、生产的需要。为了实现核能矿产资源强国的战略目标，不断提升核能矿产资源勘查的能力和水平，必须进一步加大新仪器开发、研究的力度，进一步提高找矿效率，为核能矿产资源勘查提供更多更好的技术手段和仪器设备，需要研发的关键仪器设备主要包括：无人机航空物探、高光谱测量平台、高精度野外放射性测量系统、高精度深部多功能测井仪关键设备、放射性测量质谱仪和车载放射性水化学综合测量系统等。

3.1.4 科技创新能力建设

通过铀资源勘查国家重点实验室和国防重点实验室及创新中心等平台条件的建设，建成具国际先进水平的核地质检测实验中心，构建起铀资源“攻深找盲”三维技术体系，形成更大深度、更高精度的铀资源三维探测能力。通过构建基于无人机平台的成像光谱数据获取系统，构筑多元传感器信息同化技术基础平台，提升多尺度多时空遥感探测和分析能力。通过提升核地质大数据挖掘能力、高性能计算能力、三维虚拟仿真能力和科研电算化能力，为进一步拓展铀矿找矿空间提供支撑。

加强与国际学术组织或科研机构的合作，如与国际原子能机构和铀资源丰富的国家建立联合科研机构，一方面提升科研创新能力，另一方面使其成为国际化人才培养和双边合作的桥梁与纽带。

3.2 实现核能矿产资源强国的国内开发技术路线

加强铀矿采冶基础理论、前瞻性技术研究，强化技术、材料和设备的综合集成，突出工程技术研究、安全环保技术研究，以建设新型绿色、与国际接轨的铀矿大基地为主攻方向，实现北方大型砂岩铀矿的规模化、集约化、绿色化开发和南方硬岩铀矿经济高效、安全环保、集约化开发，突破地浸砂岩第二空间（500～1 500 m）采铀技术，优化 CO_2+O_2 第三代地浸采铀技术并进行更大规模推广，探索“智能化＋X”第四代采铀技术，形成国际先进的核能矿产资源开发技术和能力。

3.2.1 理论创新与重大基础问题研究

（1）多种物理场耦合的提铀理论与方法研究

研究外加磁场、电场、超声波等物理场的耦合方法，深入研究矿物质中核素铀在多场耦合环境中的固液反应机理，及其铀从矿石中选择性溶解和迁移扩散机理。

（2）流动体系下铀矿物溶解迁移的化学动力学模拟

运用地下水动力学和化学反应动力学理论，结合地浸采铀水动力学与水化学三维数值模拟技术，研究地浸采铀流动体系下化学场与流体动力场的耦合，建立地浸采铀多组分的三维水化学与水动力学耦合运移模型，实现地浸采铀过程的数学模拟。

（3）铀多金属共伴生资源选冶机理研究

开展难处理铀资源及铀多金属共伴生资源的选冶基础性机理研究，破解难处理铀资源浸出难题，突破铀多金属共伴生有用元素有效分离的综合回收技术，实现难处理铀资源和铀多金属共伴生资源经济有效地开发利用。

（4）铀矿微生物浸出机理研究

在基因组学、蛋白质组学的基础上，通过共聚焦激光扫描显微镜、原子力显微镜等技术手段，研究铀矿生物浸出菌群的结构、特性、浸矿机理及其浸矿过程中环境参数的动态联系，采用生物基因技术，研究微生物菌群的优化与调控机理，建立提高微生物菌群浸铀效率的生物浸出机理及调控技术，确定最佳的工艺条件，提高铀资源利用率。

3.2.2 关键技术和前沿技术攻关

（1）低渗透砂岩型铀矿床地浸开采理化机理与工艺技术

通过揭示低渗透砂岩型铀矿床原地浸出过程中的理化机理，建立铀矿床溶浸采铀的“运移—力学—反应”（TMC）模型，建立理化相融合的低渗透砂岩型铀矿床增渗理论技术，形成砂岩型铀矿床原地浸出开采的“理论—技术—工艺”系统方法。基于历史数据精细匹配，开展铀矿溶浸开采“反演—预测分析模型与方法”研究、物理—化学相融合的低渗透砂岩型铀矿床增渗理论与方法研究、低渗透砂岩型铀矿床高效溶浸开采的动态调控理论体系与工程示范研究等。

（2）地浸采铀工艺钻孔高效成井技术

通过钻孔施工与成井工艺研究、高效洗井工艺技术研究、钻孔专用设备与材料的设计和研发，解决地浸钻孔施工成本高、成井周期长、故障孔修复难等技术问题，形成逆向注浆封孔、套管切割和过滤器更换等高效成井工艺，研究超声波洗井技术和钻进泥浆回用技术，提高钻孔工程施工效率，降低地浸钻孔成本，进一步提升地浸采铀的经济性和技术水平。

（3）超深砂岩铀矿地浸开采技术

通过对埋深超过 600 m 的砂岩铀矿床开展地浸地应力影响、井场布置方法、井场控制技术、高效、快速浸出工艺等研究，解决超深砂岩铀矿床地浸钻孔的钻进、成井和地下高效浸出等难题，为我国超深砂岩铀矿床的地浸开采提供技术支持。开展定向钻进设备、成井材料、定向钻进、水平钻进和随钻测井工艺、过滤器构建与分段控制技术研究，实现超深复杂铀矿体的高效地浸开采。

（4）泥质砂岩型铀矿钻孔水力开采技术

通过水力冲采工艺、矿浆提升工艺和矿浆水冶工艺研究及水力开采系统设备的优化配置，创新钻孔水力开采工艺技术与流程，实现泥质砂岩铀矿的钻孔水力开采；通过开展泥质砂岩碱性铀矿选矿技术、石膏矿物分离精细化控制技术、碱性工艺溶液循环利用技术等研究，进一步降低泥质砂岩铀矿浸出试剂消耗，完善水冶工艺参数，实现泥质砂岩铀矿碱法浸出和经济利用。

（5）疏干型砂岩铀资源井下原地浸出技术

综合井下原地爆破浸出采铀技术和地浸采铀技术的特点，用井巷工程开拓砂岩铀矿床，在巷道内布置注液孔和集液孔，浸出剂通过注液孔渗入矿层，浸出液从集液孔汇集到井下集液池，抽出地表至水冶厂回收金属。开展疏干砂岩铀矿层井巷掘进和支护技术、疏干砂岩铀矿层钻孔施工和安装技术、注集液巷道和钻孔布置参数优化、钻孔集液及溶液流向控制技术等研究，实现疏干型和低渗透性铀资源经济开发。

（6）地浸铀矿山二次强化开发技术

当浸出液铀浓度低至经济临界值停止地浸作业后，仍有部分剩余铀资源，提高铀资源回收率有较大的潜力。通过局部控制、层系细分、工艺优化等有效措施和强化浸出手段，开展精细刻画含矿含水层结构、重建井网结构和抽注系统、强化井场浸出工艺等二次开采技术研究，有效地提取尚未浸出完的铀资源，延长矿山寿命，提高资源利用率。

(7) 低品位铀矿、堆浸尾渣生物堆浸技术

低品位铀矿是指低于边界品位的铀矿。通过荧光标记、共聚焦激光扫描显微镜、原子力显微镜等技术手段，研究铀矿生物浸出环境体系中微生物群落结构、功能及其演变规律，建立提高浸铀效率的生物浸出模式及调控技术，确定最佳的工艺条件，提高铀资源利用率。

(8) 复杂难处理资源和铀多金属资源选冶关键技术

以我国潜力巨大的低品位铀多金属伴生共生矿为主要研究对象，突破铀铌铅、铍铀共生矿、碳硅泥岩和泥岩型铀矿的选矿、高效浸出、分离、提取等关键技术，开发复杂铀多金属综合回收工艺流程。

(9) 数字矿山关键技术

跟踪全球矿业发展趋势，借助现代互联网+、大数据、云平台、虚拟现实等先进技术，开展全球铀资源数据集成、数据传输、技术协同、异地诊断、远程控制、动态评估、实时监控、集成管控、信息安全、决策支持等三维数字矿山关键技术研究，提升企业铀资源信息共享能力、设计优化能力、专家异地诊断能力和远程协作能力，为企业降低生产成本，提高安全生产效率和现代化管理水平，以及国际竞争力提供先进技术手段。

(10) 海水提铀材料和工艺

选择合适的吸附剂骨架结构，研发出适合海水、盐湖提铀的新型材料。通过辐射接枝、化学接枝引入特定的单体在纤维表面进行交联，使之产生多孔结构，充分利用材料的大比表面特点，提高功能基团的数量，增加吸附剂的吸附位点，并将所制备的吸附材料进行模拟海水的静态铀吸附试验，考察溶液组成、pH、温度、时间等条件对吸附材料吸铀性能的影响，研发海水提铀工艺。

3.2.3 关键仪器设备研发

(1) 可移动模块化地浸采铀关键设备

研究具有集成、可移动式、模块化地浸浸出液处理装置，用于砂岩型铀矿分散小矿块的地浸开采，提高地浸砂岩型铀资源的利用率。

(2) 中子测井仪

中子测井仪是直接测量矿石中铀含量的仪器，长期以来依赖于从国外进口，且受到诸多限制。研制适应地浸采铀钻孔测井的脉冲中子发生器、中子探测器，形成基于脉冲中子测井的反褶积分层解释方法，直接测量矿层中的铀，克服铀镭平衡和镭氡平衡对 γ 测井的影响，用于确定铀矿层的铀品位，判断地浸浸出效果。

（3）地浸钻孔高效钻进成井设备与工具

地浸采铀已成为我国主要铀矿采冶工艺，地浸钻孔是地浸采铀技术的重要设施，研制钻孔高效钻进成井设备与工具，是实现深部铀矿层地浸开采的关键。高效钻进成井的设备与工具包括：控制钻孔偏斜的随钻测斜钻具及地面监测系统、多层矿开采的封隔器、钻孔套管切割扩孔器、内置过滤器提放设备、钻孔套管扶正器等。

（4）铀水冶工艺关键设备研制

矿石浸出、固液分离、溶剂萃取是铀水冶工艺的关键工序。加快研制难浸出矿石加压浸出设备、高效固液分离设备、溶剂萃取设备及大流比混合澄清器等，进一步提高铀水冶工艺的技术水平。

（5）高精度智能检测仪表研发

研制选冶工艺高精度智能检测智能仪表是提高铀矿选冶自动化、智能化水平的关键。选冶工艺高精度智能检测智能仪表包括：系列铀浓度在线分析仪、智能酸碱盐浓度计、工业 pH 计、智能料位仪、智能流量计及水分在线分析仪等。

3.2.4 科技创新能力建设

我国已查明的铀矿资源矿化类型多、矿床规模偏小、矿石品位较低、部分矿性复杂难处理，这些特点决定了我国铀矿采冶科研试验必须针对不同矿床类型、不同矿性矿石的要求，研究开发不同的铀采冶工艺，尤其是深部铀资源开发、铀矿冶大基地建设和“一带一路”海外铀资源的开发利用，更需要有高水平、高精度的科研设备设施开展铀矿采冶工艺技术创新。建设国际先进水平的原地浸出采铀国家重点实验室、铀矿采冶工艺技术试验研究中心、铀矿冶工程化应用研发设计中心，对构建铀矿采冶科技创新技术体系，培养高水平的科研技术队伍，增强科研创新能力，提高铀矿采冶的基础研究水平具有重要意义。

（1）建设原地浸出采铀技术国家重点实验室

实验室建设目标：创新砂岩铀矿原地浸出开采理论，突破地浸开采超深、复杂砂岩铀矿以及其他矿产资源的关键共性技术，形成具有国际领先水平的开放性试验研究平台，培养一批领军人才，引领铀矿冶行业技术进步，保障我国核军工和核电快速发展对天然铀的重大长远需求，同时为海外铀资源的开发利用提供强有力的技术支撑。

主要研究方向：高效安全钻进与成井，多场耦合环境下溶液渗流模拟与控制，高效复合浸出工艺，地浸采铀模块化、智能化，地下水修复与环境保护。

主要研究内容：多种物理场耦合的提铀理论与方法，开放—流动体系下铀矿物与溶液反应的化学动力学模型，地浸采铀工艺钻孔高效成井技术研究，超深砂岩铀矿床的地浸开采技术研究，定向钻进地浸采铀技术研究，地浸采铀数值模拟技术研究，高效复合浸出剂配方和使用，不可地浸砂岩型铀矿钻孔水力开采技术研究，移动模块化铀回收系统，地浸采铀氡释放监控技术研究，地下水影响防控及修复技术研究，放射性废水深井处置技术研究。

（2）铀矿采冶工艺技术试验研究能力建设

按照“统筹规划，合理布局，建立比较完整的科研体系”的要求，建设铀矿采冶工艺技术试验研究中心、铀矿冶工程化应用研发设计中心，整体改造升级铀资源采冶技术试验研究能力。具体设施包括：研发铀矿开采技术、矿石破磨技术、矿石预处理技术、选矿技术、矿石浸出技术、固液分离技术、溶剂萃取技术、铀多金属综合回收技术、新型材料及水冶设备研制、铀采冶自动化技术、辐射安全与环境保护技术、分析测试技术等实验室和工程化应用研发设计中心。通过加强铀矿采冶工艺技术试验研究能力建设，形成铀矿采冶基础理论研究、工艺技术开发和工艺试验验证的能力，提高我国铀矿采冶科技创新技术水平和试验研究效果，为我国铀矿冶大基地的建设及海外铀资源的开发提供技术支撑。

3.3 实现核能矿产资源强国的海外开发技术路线

3.3.1 海外铀资源开发的基本思路

充分利用国际资源，保障中国核电国内外发展资源需求；资源开发与贸易并举，铀价低迷时以贸易及储备为主，铀价平稳及高企时以海外开发为主，贸易及储备为辅；2025年之前项目开发目标以资源保障的安全供应和稳定供应为主，争取较快地掌控一批铀资源，形成较大规模的生产能力，保障我国的核电发展需求；2025年之后项目开发目标以扩大优质资源和低成本产能为主，不断增强国际竞争力，并形成稳定的投资经济回报。

3.3.2 加强海外开发总体规划及战略布局研究

我国要在2030年实现迈入核能矿产资源强国前列的目标，就要从现在起加强研究国际铀资源的分布格局，掌握世界主要核能大国的铀资源情况及其开发动态，在此基础上研究利用国际资源的基本思路和战略布局，做好海外铀资源开发规划，以不断提高对国外资源的掌控能力。目前，根据初步了解到的世界主要核能大国的铀资源情况及其开发动态以及我国企业走出去现状，认为“十三五”期间海外开发的战略布局技术路线可概括为稳步推进非洲国家项目，大力加强“一带一路”合作倡议国家整体布局，积极开拓澳、加等铀资源大国项目，努力探索其他铀资源新兴国家项目。

3.3.3 完善海外开发的资源掌控模式

20世纪90年代开始，我国资源企业“走出去”开发海外矿产资源，参与世界资源市场的竞争与再分配。2001年，“走出去”战略写入了《国民经济和社会发展第十个五年计划纲要》，2002年又提出了“利用两种资源，开拓两个市场”的战略方针。在“走出去”战略推动下，我国企业加快了海外并购的步伐。经过20多年的发展，我国企业海外资源开发模式日趋成熟，积累了多方位合作经验，在资金、技术、管理等方面开展不同形式的合作，并在合作中更加倾向引入合作伙伴，进行优势互补平衡风险。目前我国资源企业“走出去”进行矿产资源开发的运作模式有以下几种。

（1）合资开发模式

是指与资源国家有关各方共同出资成立矿业资源公司，合作开发矿产资源。该模式投资方式灵活，企业可以根据自身的资金和风险管控能力灵活选择出资方式和出资比例。

（2）股权并购模式

是指通过资本市场或协议方式购买境外公司股权，实现海外资源开发战略。如果采用该模式获得在产项目股权可以避开矿业开发过程中的勘探、设计、矿建等高风险环节，直接参与项目的资本运作，分享项目收益。但该模式对项目的尽职调查和公司整合有较高的要求。

（3）产能购买模式

是指通过对海外大型矿山企业生产能力的投资，换取一定年限的矿产资源供应。该模式操作简单，方式灵活，可更换合作伙伴，回避一系列并购中的分险。

（4）风险勘查模式

是指通过风险投资，获取海外矿产资源勘探权，实现海外投资合作和资源控制的目的。通过风险投资勘查，可以直接转入开发，在海外建立矿产资源的储备。风险勘探是发达国家重要的资源开发模式之一，具有投资少、高风险的特点，同时也可能获得高收益。

（5）品牌换资源模式

是指通过企业自身在国际市场的竞争力和品牌影响力投资海外相关工程建设，并以此来换取海外资源项目的控制。这种模式充分利用企业自身的优势，即完成自身优势项目在海外的投资（如核电项目、组件项目等），同时又可获得对海外资源项目的控制，达到双重收益的目的。

（6）联合开发模式

是指国内企业在海外资源并购中通过强强联合，共同并购海外资产，以提高企业的竞争力，降低投资风险。

（7）四位一体模式

是指企业在海外并购中通过获取政府、银行以及信用担保等的支持，并以此作为强有力的后盾，获取海外国家或企业的信任，为并购创造良好条件。

由于我国核电起步较晚，对国外铀资源的需求也晚于石油及有色金属行业，直到“十一五”，我国才开始起步国外铀资源开发工作。因此，我们在“走出去”，实施核能矿产资源强国战略时，不仅要借鉴学习石油及有色金属系统开展海外矿产资源开发的经验，而且要学习加拿大、澳大利亚、法国、俄罗斯、日本、韩国等先进国家的开发方式及操控模式，不断完善我们自己的资源掌控模式。在项目开发方式布局上，要坚持开发项目与勘探项目并举，在项目操控模式上，要坚持控股与参股并举。

3.3.4 “走出去”需要解决的重大技术问题

掌控海外核能矿产资源，是我国核工业“走出去”的重要任务，是确保我国核能安全、经济、稳定、有效发展的重要途径。但是，目前我们所掌握的技术难以满足走出去的发展要求，还有很多关键技术问题需要学习掌握或攻克，这些问题包括。

（1）高品位不整合面型铀矿床的安全开采问题

加拿大萨斯卡彻温省阿萨巴斯卡盆地的不整合面型铀矿床，品位高，矿床的开采需要解决辐射安全问题。目前这类矿床大都采用冷冻开采技术，这一技术仍是我们的盲区，如果我们要走出去到加拿大开展铀资源开发，需要掌握这一技术。

（2）低品位矿床的大型堆浸技术问题

随着世界各国铀矿勘查的加强，一些超大型低品位铀矿床陆续被发现，这些铀矿床有的储量巨大、品位低，如中广核并购的纳米比亚湖山项目。为提高项目经济性，采用堆浸技术无疑也是较好的选择，但同时需要解决堆浸场地和堆高、堆场压覆和渗透性等问题。

（3）高标准的矿山废水处理、生态保护和环境修复问题

环境保护是矿产资源开发需要关注的首要问题之一，世界各国对铀矿开采的废水外排、生态保护和环境修复标准不尽相同，可能视项目矿床开发的具体情况，提出更严格的环保要求，甚至不允许废水外排。因此，水冶废水处理、生态保护和环境修复需要根据项目情况进行更为深入细致的研究，以达到更加严格的环保要求。

（4）多金属矿床的综合利用技术

多金属矿床的综合利用一方面要努力提高多金属矿床各矿种的回收利用率，另一

方面要不断降低矿山运行的生产成本。因此，多金属矿床的综合利用一直是各矿业公司奋力攻克的技术难题之一。目前，澳大利亚在奥林匹克坝角砾杂岩型铜—铁—金—铀—银多金属矿床进行综合开发利用，俄罗斯及哈萨克斯坦在地浸砂岩型铀矿对铀—钒—钼—钪—铍—铌等多金属矿进行综合开发利用，南非对古砾岩型金-铀多金属矿进行综合开发利用，这些国家已经取得了较成功的经验和技术，值得我们学习、借鉴。全球对品位不高、但矿床资源量巨大的黑色页岩型铀矿的多金属矿综合开发利用仍在不停地探索中。如果能在该类型铀矿的开发上大幅提高铀等多金属的综合回收率，降低开发成本，将对全球的铀资源开发带来较大的促进作用。

3.4 绿色安全技术路线

3.4.1 理论创新与重大基础问题

坚持“创新、绿色、低耗、高效、安全”的发展理念，实现生产工艺高效化、废物产生最小化、矿山环境友好化、综合效益最大化、社区稳定和谐化，以综合开发、资源高效利用与环境影响最小化为目标，以建设绿色安全的企业文化为重要手段，以科技创新、节能减排和全面修复治理为保障措施，对标国际先进技术，确保核能矿产资源开发与生态环境保护协调发展和可持续发展[10,11]。

（1）地浸铀矿山地下水污染迁移扩散机理研究

研究地浸采铀过程中各核素的热力学、动力学性质，查明各核素的存在形式及转化条件，结合地球化学原理，研究水岩反应的动力学特点及影响因素，建立多组分反应溶质运移模型。利用随机分布模型及分形几何原理研究水文地质参数空间变异性对组分运移的影响，建立地浸采区组分运移模型，掌握不同水文地球化学条件下组分的浸出及迁移转化规律。

（2）铀矿井氡析出迁移扩散动力学模型研究

基于分子动力学理论，研究在不同湿度、温度、压力条件下氡析出、迁移、渗流机理，探索湿度对氡分子的复合影响及氡分子在水雾膜中的迁变规律，分析温度对氡分子的紊乱效应和迁跃模式，解析压力对氡分子的形态变化的影响及渗流机理，建立氡在不同条件下的物化转变与迁移扩散模型。

（3）尾矿库安全稳定性研究

研究尾矿坝多维、多相、多层次特征工程体征，分析尾矿坝多维演化规律、多相相互作用、多层次势能累积效应。研究尾矿坝渗透规律及岩土体结构参数计算方法，建立尾矿坝地震作用、流固耦合变形、渐变损伤乃至动态失稳过程的力学机制及最危险滑动面、搜索方法和失稳判据，实现溃坝状态下的演进规律模拟。

3.4.2 关键技术及前沿技术攻关

（1）地浸采铀地下水微生物强化修复技术

地下水微生物修复具有二次污染小、修复成本低等优势。主要开展地浸采铀地下水污染组分的时空分布研究、地下水污染判别及风险评估研究、地下水微生物修复机理研究、优势菌种筛选及驯化研究、微生物修复影响因素研究，高效生物反应器研制，土著微生物修复技术、生物活化修复技术及生物添加修复技术研发，突破低温、复杂地下水环境下的微生物修复关键技术，确定微生物修复工艺流程及参数，开发经济有效的地下水微生物修复技术，为地浸采铀退役治理奠定基础。

（2）地浸采铀工艺废水深井处置的成井技术

地浸采铀废水深井处置的井深可达 3 000 m，要求多层保护结构、耐高压，其成井技术是关系深井处置能否进行的关键。主要开展深井选址、深井钻进、套管设计、套管材料筛选及多层套管施工、深井固井、深井密封材料及深井密封、深井检漏等技术研究。

（3）地下开采矿山通风降氡技术

开展不同地质条件及开采条件下的氡析出与氡渗流研究，建立铀矿井通风方式判别模型和氡渗流—扩散特征参数数据库，研究铀矿井渗出水氡迁移规律，建立铀矿井通风降氡和深部开采控氡降温技术规范。针对地下铀矿山采矿方法多样化的特点，开展堆浸尾渣充填辐射防护综合技术研究、留矿法大量采空区条件下矿井通风降氡技术研究、采空区快速密闭与氡渗流控制方法研究、铀矿井均压通风降氡技术研究、无轨开采矿井通风网络设计及降氡技术研究、无底柱分段崩落法矿井通风降氡技术研究，开展采场受限空间氡和氡子体浓度动态调控技术、独头巷道掘进工作面控氡和降尘技术、放射性气溶胶和矿尘的净化技术的研究，实现铀矿井下开采氡浓度显著降低。

（4）铀矿山土壤环境风险评估与生态修复技术

针对铀矿山土壤污染现状，开展铀矿冶土壤污染判别、风险评估、修复技术研究，提出土壤污染风险评估方法，探索经济可行的土壤污染修复技术和尾矿库退役治理技术，提出尾矿库、闭矿区开采区创面生态修复技术方案。

（5）铀矿采冶废物最小化技术

工艺研究、源头控制、过程管理和末端处理相结合，着力开展新型采铀工艺的深入研发、工艺水循环利用技术研究、铀矿冶工艺废水共存污染物处理技术研究、尾矿干式堆存技术研究、铀矿排风井放射性流出物的环境效应评价与控制技术研究、钻孔泥浆循环利用研究，减少废物产生和排放量，降低废物管理成本，提高有用组分综合利用率[12]。

（6）铀矿安全环保监控及评价技术

建立铀矿井下采掘工作面、尾矿（渣）库及其他关键工作场所实时在线安全监控平台，全面推进关键设施的监测控制及对危害因素的评价，提升铀矿开采安全环保技术水平。建立尾矿库监测与预警应急系统，开展尾矿库安全评价技术、失稳后果及控制技术研究，完善铀尾矿库安全稳定化技术与管理措施。

3.4.3 关键仪器设备研发

（1）新型辐射环境监测仪器

开展新型辐射环境监测仪器的研发及应用，重点加强新型便携、快速、高精度、高稳定性、连续监测的多用途型号的氡、及氡子体测量仪及快速反应个人剂量计等辐射监测设备的开发，强化在线监测能力建设，建设工作场所监测、分析及趋势预警等智能化网络。

（2）可移动辐射环境监测车的研制

研制集 γ 剂量率、表面污染、气象、谱仪分析、GPS、GIS、无线通讯、数据自动传输等功能的移动实验室，研制可移动辐射环境监测车，以适应边远野外作业和应急需要。

（3）放射性水处理设备的研制

结合地浸采铀地下水治理与修复研究，开展地浸采铀矿山废水处理设备的研制，实现地下水治理过程自动化、模块化和集成化，提高水处理效果。开展大型化、智能化等环境修复设备的研制，实现地浸采铀矿山整体环境的高效治理。开展地下水天然铀等放射性组分在线监测仪器设备的研发，及时掌握地浸矿山的环境质量。

3.5 非常规铀资源开发利用的技术路线

3.5.1 非常规铀资源概况

（1）非常规铀资源概念

非常规铀资源是指在现有技术经济条件下不能开发利用的低品位铀资源或者铀作

为次要副产品回收的资源，如与磷块岩、泥岩、褐煤和黑色页岩伴生的铀资源等。从长远发展看，海水和盐湖中的铀资源也可列为非常规铀资源。

（2）非常规铀资源概况

根据非常规铀资源产出环境、形成条件和规模，结合赋矿载体类型、回收难易程度，我国内陆非常规铀资源类型主要有黑色页岩型、含铀磷块岩型（含铀多金属磷块岩型）、泥岩型、含铀煤型、盐湖型和含铀尾矿渣型等（见表 3.1）[13]。

表 3.1　中国内陆非常规铀资源主要类型和基本特征

类型	基本特征
黑色页岩型	受特定海相沉积环境、沉积相和沉积建造控制，赋存于晚震旦世—志留纪黑色页岩中，主要分布于南秦岭、扬子陆块东南缘、北山地区，其中铀含量为 0.01%～0.03%的低品位铀矿资源，常与铀共、伴生的元素有 Ni、Mo、V、P 等
含铀磷块岩型	受特定海相沉积环境控制，赋存于早寒武世海相磷块岩中，主要分布于扬子陆块和黔中地区，即贵州、云南、广西、湖南等省。以磷块岩的重要副产品回收，含铀磷矿的铀含量一般在 0.005%～0.03%，大型矿床一般含铀<0.01%，与铀伴生的元素有 Ni、Mo 等。我国磷矿资源丰富，已查明其资源储量为 163.4 亿 t。其中 25%以上的磷矿为含铀磷矿
泥岩型	主要分布于中新生代沉积盆地，受特定滨浅湖相中的湖相泥岩控制，泥岩中铀含量一般为 0.01%～0.03%
含铀煤型	主要分布于中新生代沉积盆地，受含煤碎屑岩建造控制，铀矿体分布在中、下侏罗统和古近系—新近系的煤层或其顶底砂岩层的氧化—还原过渡带
盐湖型	主要分布于中国中西部地区盐湖卤水中，有望通过盐田晒制工艺和盐析法浓缩提锂和提硼后的老卤水中回收铀。部分咸水湖也含有较高的铀
含铀尾矿渣型	主要指用传统开采方法残留于尾矿渣中的铀资源

3.5.2　非常规铀资源开发利用的技术路线

目前具有开发利用前景的非常规铀资源主要包括磷块岩、含铀褐煤、独居石、其他金属矿石中伴生的铀，含铀盐湖和海水中的铀资源的开发研究尚处初期阶段。

（1）含铀褐煤综合利用技术

我国在新疆和云南等地区含有大量的含铀褐煤资源，在 20 世纪七八十年代，我国铀矿冶科技人员已成功开发出了褐煤综合利用技术。研发了含铀褐煤低温燃烧发电—煤灰硫酸氧化浸出—矿浆萃取铀的工艺路线，并研究开发了有关专用配套设备，同时对钼和硒进行了综合回收试验研究。需要继续研究在保证燃煤热能利用率的基础上，提高铀的回收率，提高粉尘的捕收率，实现含铀褐煤的安全环保、经济高效利用。

(2) 磷矿提铀技术

我国磷矿资源丰富，部分磷矿为含铀磷矿，是铀、磷综合利用的宝贵资源。含铀磷矿的铀含量一般在 0.005%～0.03%，有的达 0.05%以上。在磷矿加工的过程中，伴生铀资源的回收基本上都是通过湿法磷酸获得的。国内外回收的方法主要是采用有机溶剂萃取。国外最早使用的铀萃取剂为二辛基焦磷酸（OPPA）。20 世纪 70 年代，我国研发出双萃取流程，用湿法从磷矿石中分别提取磷和铀，在南京磷肥厂和诸暨磷肥厂建成铀回收车间并成功运行。但是到目前为止，国内大部分的磷化工企业在加工含铀磷矿时因铀回收成本过高，并没有对其进行综合回收[14]。在用酸浸取磷矿石时，约有 90%以上的铀转移到液相磷酸溶液中。如何以经济可行的技术方法从湿法磷酸、磷肥生产液料和磷矿开采废水中回收铀，是下一步研究工作的重点。

(3) 铀多金属共伴生矿选冶技术

陕西华阳川大型铀铌铅共生多金属矿床中矿石含 U 0.01%～0.02%，Nb 0.01%～0.02%，Pb 大约 0.5%，Y_2O_5 0.08%～0.2%，其他地区还有类似的矿床。铀的品位不高，但资源量较大。主要有用矿物为铌钛铀矿，综合利用回收技术研究已经取得重要进展。但是各有用组分品位低，且酸耗高，直接水冶无效益。只有通过选矿大幅度提高铀铌品位，同时要通过技术攻关充分回收伴生有用元素和组分，才可能有经济利用的价值。

(4) 独居石和稀土渣铀和钍提取技术

独居石是生产稀土的重要原料，在稀土工业中广泛运用。但从独居石精矿提取稀土所产生的废渣中含有放射性元素铀、钍，渣量大约是独居石精矿重量的 25%～30%，是一种放射性工业废渣，其堆放埋藏都十分麻烦，处理不当，将会造成较严重的放射性污染，成为环保中的一大难题。所有稀土厂均不具备管理、处置放射性废渣的资质和能力，就目前而言，较为恰当的方法是将这类放射性废渣存放于铀矿山的尾矿坝（库）或废弃的矿井采空区和巷道中。然而这种稀土矿渣中含有铀金属的品位为 0.5%～1.2%，远高于生产“111”产品所用铀矿石的品位水平。因此，可考虑从稀土矿渣中回收铀后再进行处置，这不仅可获得国家急需的铀资源，同时还可降低稀土矿渣的放射性水平，有利于环境保护。

(5) 海水、盐湖提铀技术

海水中含铀浓度虽然很低，一般只有 3×10^{-9}，但根据理论计算全球海水中铀的蕴藏量约 45 亿 t，我国管辖海域铀资源近 1 000 万 t。盐湖中的铀浓度则是海水中的几倍甚至数百倍。从海水和盐湖中提取铀资源可作为我国铀资源开发的战略方向之一。

从海水和盐湖中提取铀资源在国内外已有一定的研究基础并已证明在技术上是可行的，但目前经济成本过高，其技术难点主要有高效提铀材料和提铀工艺的研发及相关装置的研制。从 20 世纪 60 年代开始，日本、美国、法国等国家从事海水提铀的研究和试验。中国则在 20 世纪 70 年代初开始海水提铀研究，曾进行过开发无机吸附剂（分子筛）和有机吸附海水提铀研究。

拟进一步开展海水中铀的特征研究，加强海水高效提铀材料研发、提铀工艺研究和装置研制，并同时开展工程化应用的试验。与此同时，加强全国盐湖和深层卤水铀资源调查评价工作，摸清全国盐湖铀资源家底。开展从盐湖中提取铀资源的技术研究可作为近期的研究重点。

4 实施核能矿产资源强国战略的重点任务

4.1 需要国家支持的重大创新工程

4.1.1 核能矿产资源勘查重大创新工程

(1) 全球铀资源信息数据库构建和大数据评价

利用与国际原子能机构和双边、多边等的合作渠道，收集全球铀资源勘查、开发信息数据资料，编制系列图件，提出铀资源经济分析报告，掌握国际上铀资源勘查、开发动态，构建铀资源多元数据库，集成处理全球铀资源大数据并开展铀资源评价工作，为海外铀资源开发提供支撑。

(2) 大深度攻深找盲技术体系研究

创新发展铀矿勘查技术，深化“天—空—地—深”四位一体攻深找盲技术，形成第二找矿空间（500～1 500 m）勘查能力，储备第三找矿空间（1 500～3 000 m）探测技术，形成铀矿勘查的立体化“攻深找盲”技术体系。

(3) 多维度大数据找矿集成关键技术攻关

突破传统的一维或二维找矿技术，开展地质、地球物理、地球化学、遥感高光谱技术和深部钻探铀矿找矿多维度、三维立体大数据预测评价技术研究，开展 3D/4D 地质填图等，提高铀成矿条件和信息探测的精度。

(4) 核能矿产资源勘查关键设备研发

我国的核能矿产资源勘查关键设备，与其他行业类似，从室内到野外较多的依赖从国外进口，一些关键技术受制于人。需要重点加快研发无人机航空物探、高光谱测量平台、高精度野外放射性测量系统（含基于紫外荧光、诱导荧光技术的高精度野外微量铀分析仪、高精度多参数 PIPS 测氡仪系列、智能化的 γ 定向辐射仪、深孔 γ 测量仪、电致冷高纯锗（HPGE）车载 γ 能谱仪等）、高精度深部测井仪关键设备（含深部放射性测井仪、超声波成像测井仪、高精度磁三分量无电缆测井仪）、放射性测量质谱仪、车载放射性水化学综合测量系统等。

(5) 核能矿产资源勘查先进分析测试技术研发

研发具有自主知识产权的分析测试技术专用仪器设备和方法，使铀矿地质分析测试方法技术保持国际先进水平，使检测参数对元素、核素、同位素、微区和有机物等达到全覆盖，满足核能矿产资源勘查能力建设的需要，并拓展到其他矿产资源及生态、环保产业领域。

4.1.2 核能矿产资源开发重大创新工程

(1) “智能化＋X” 第四代采铀技术创新研究与应用

以数字化、信息化和集成化为基础，实现地浸采铀技术装备智能化、井场值守无人化、浸出液处理自动化、生产管理信息化、安全环保标准化，促进我国天然铀产业由传统的粗放式劳动密集型向数字化先进工业转型。

在鄂尔多斯纳岭沟铀矿床开展铀矿体三维精确化技术、地浸井场装备智能化和信息化等研究，实现井场系统全部实现远程操控、无人机定期巡查、集控室和采区范围内高清监控的全覆盖，在浸出液处理方面开展铀浓度等关键参数在线监测与吸附和淋洗系统联动控制等研究，实现饱和树脂塔切换、树脂倒运、淋洗、转型等自动控制。采用第四代采铀技术将实现人均劳动生产率 4 tU/a 以上，资源回收率 85%以上，技术水平达到国际领先水平。

(2) 地浸采铀二次开发技术研究与应用

地浸矿山中后期开采阶段，浸出液的铀浓度会降低至 5 mg/L 以下，如果选择直接退役，将导致铀资源浪费，增加地下水修复和矿山/采区的退役治理难度和费用。

通过选取新疆 512 铀矿床已停止生产矿段，实施二次开发技术创新工程。研究强化二次地浸开采和回收的技术措施，优化增采增收系统，开展重新刻画矿床资源、重新构建井场、重新建立浸出系统等研究，在浸出液回收方面，重新优化回收工艺、重新研制或筛选吸附材料、重新确立饱和树脂的淋洗工艺，对低浓度浸出液进行高效回收，提高淋洗合格液浓度，减低生产成本，最终实现地浸砂岩型铀矿床的二次经济开采，提高资源利用率。

(3) 深层铀资源开发技术研究与应用

通过地浸采铀模拟与仿真，分析掌握深层铀矿的赋存特征，研发基于定向钻进的井场布置与快速开拓技术，高温高应力环境中溶液渗流与控制技术，使 1 500 m 深度以内的深层铀资源得到经济高效利用。

(4) 大型沉积盆地铀煤协调开采技术研究与应用

针对我国储量巨大的铀煤叠置的砂岩型铀资源，以鄂尔多斯地区、伊犁地区为重点，开展铀煤共采技术攻关，为推进铀煤协调开采提供技术支撑。

（5）铀多金属共伴生矿综合利用技术研究与应用

以我国资源潜力巨大的复杂铀多金属伴生共生矿为主要对象，通过技术创新提高多金属矿床各矿种的回收利用率，降低矿山运行的生产成本，为国内大量多金属铀矿的高效开发利用提供技术支撑，也为介入国外类似多金属铀矿的开发提供技术保障。

4.1.3 安全环保重大创新工程

（1）地浸采铀废水深井处置和地下水修复技术研究

随着我国地浸采铀的规模不断扩大，产生的废水也越来越多。若继续采用传统的蒸发池蒸发处理，将造成大面积占地，景观和生态也受到破坏，并产生大量的放射性残渣。当前，深井处置技术作为一种废水最终处置技术，在美国和欧盟已经得到大量应用，该方法可以避免污染物进入生物圈循环系统，减轻环境压力，从根本上解决放射性废水的处置问题。因此，开展地浸采铀废水深井处置技术研究是有重大现实意义的。主要开展井址筛选研究、深井钻井与成井技术研究、深井处置模拟研究、深井处置试验研究、环境影响与安全分析研究、深井处置监控技术研究、法律法规和技术标准研究，建立深井处置工艺及参数，为深井处置的工程化和推广利用提供技术保障。

地浸采铀采场残留液造成了地浸采场及其附近的地下水影响，是地浸采场退役后必须解决的环境问题。开展地浸采铀地下水污染调查及长期影响评价研究、地下水污染监控技术研究、地下水地表处理优化及自然净化干预技术研究、地下水原位修复和抽出处理技术综合研究、地下水修复动态及效果评价研究、地下水修复工艺优化研究，最终确定地浸矿山退役采场地下水修复工艺，为地浸矿山退役后地下水修复奠定技术基础。

（2）常规采冶废物最小化技术研究

通过开展常规铀采冶工艺水循环复用技术研究、废水共存污染物高效处理技术研究、常规水冶尾矿干式堆存技术研究、铀尾矿井下充填及辐射防护技术研究、井下高效通风降氡技术研究、尾矿库地下水污染防治技术研究、流出物与环境在线监测及关键核素分析技术研究，使流出物稳定达标排放、污染防治水平显著提高、废物产生量和排放量明显减少、环境监控能力大幅提升，为实现常规矿山的可持续发展提供环保技术支持。

（3）铀矿山污染土壤原位高效修复技术研究

铀矿冶污染土壤多为复合污染，不仅含有多种放射性核素，而且含有多种非放射性污染物，如有机污染物、重金属等。土壤污染不仅会直接影响农作物的生长和人类健康，而且会间接造成地下水的污染。目前发展了一系列的污染土壤的治理技术，其中，原位修复技术由于其简便、快捷、低耗的特点而被认为是一种绿色的修复方法，是土壤修复的重要发展方向。主要开展污染土壤参数测量研究，土壤原位修复装置研制，修复材料筛选及研制，电动修复、淋洗修复、生物修复等多种原位修复方法比较研究，原位修复方法集成工艺研究。

(4) 铀尾矿（渣）库综合治理技术研究

我国在近 60 余年的铀矿采冶生产过程中，形成了 30 多座铀尾矿（渣）库。铀尾矿（渣）含有长寿命天然放射性核素，有害组分含量较高，对人体健康及环境造成潜在的长期影响。通过开展尾矿（渣）库溃坝风险分析与预警、安全环保监控技术研究，建立铀尾矿（渣）库安全预警与环境监控体系，确保尾矿（渣）库安全。开展铀尾矿（渣）库渗水处理技术研究、铀尾矿（渣）库地下水长期环境影响及修复技术研究、铀尾矿库多层覆盖隔离技术研究、污染土壤强化修复技术研究、铀尾矿（渣）库综合利用生态恢复技术研究，保证铀尾矿库环境安全。

4.2 需要实施的重大应用示范工程

4.2.1 核能矿产资源勘查开发重大应用示范工程

(1) 铀矿大基地探采一体数字化矿山示范工程

“十三五”乃至中长期，逐步建立高效的铀资源探采一体化运行模式，显著提升铀资源探采数字化技术水平。通过构建铀资源探采共享数据库，研发铀矿选冶工艺自动化仪表，开发生产过程在线监控技术和数据传输系统，建立铀矿勘查数字化、采冶生产自动化、计划管控一体化、经营决策集成化的数字化铀矿山技术，建成铀矿大基地探采一体数字化科技示范工程，为我国其他铀矿大基地数字化铀矿山建设提供示范，实现核地矿产业转型升级，形成与我国核大国地位相适应的铀产业可持续发展能力。

(2) 重点铀成矿区（带）系统预测与资源扩大示范工程

在 2012 年完成的全国铀矿资源潜力预测评价工作基础上，通过对全国 49 个铀成矿区（带）中的重点区（带）进行系统预测与资源扩大示范，提高我国铀资源调查和研究程度，带动其他铀成矿区（带）的找矿工作，进一步推进铀矿勘查向纵深方向发展，通过加强对海外铀资源勘查中的重点地质问题和关键技术问题联合攻关，推进核能矿产资源强国战略目标的实现。

(3) 重点铀矿田/矿化集中区精细地质评价技术示范工程

“十三五”乃至中长期铀矿资源储量增长点主要在老矿田/矿化集中区的扩大，主要有：新疆、内蒙古、江西、广东、湖南、广西、河北、四川、辽宁等，重点加强上述地区铀矿田/矿化集中区地质评价技术研究，尤其是矿田构造体系、岩石建造、成矿物质（介质）和成矿作用研究，同时系统开展深部资源扩大预测和探测技术攻关，并在矿田级成矿单元尺度下，对现有矿床外围及构造带延伸方向做全面的资源潜力评价，对潜在矿床进行定位预测，为铀矿大基地勘查提供理论和技术支撑。

（4）分布式地浸采铀技术应用示范工程

分布式原地浸出采铀是在分散地浸铀矿块中建立独立的浸出液吸附车间（“卫星”式吸附单元），离子交换树脂饱和后集中在水冶处理中心厂处理，从而实现分散铀矿块统一设计，避免重复建设，降低开采投资，提高开采效率。

以松辽盆地钱家店铀矿床为对象，建立分布式原地浸出采铀示范工程，开展“卫星”式分散吸附及“中心”式集中处理工艺的研究，研发分布式开采专用工艺设施及大型树脂转运设备，研究建立分布式开采工艺技术体系与规范，进一步优化工艺参数，研究建立树脂转运过程中的安全、环保监测系统。通过示范工程的研究建设，有效解决传统地浸开采工艺的弊端，创建一套全新的砂岩型铀矿床的开采模式，进一步发挥地浸采铀技术的优势[15]。

（5）千吨级绿色高效地浸采铀示范工程

突破大型砂岩型铀矿高效地浸采铀技术，开展地浸钻孔高效钻进及成井技术、地浸采铀物理模拟与数值模拟技术的研究，建立“分散吸附、集中淋洗”水冶处理工艺和移动模块化原地浸出提铀系统，创新中性/弱酸性条件微生物地浸采铀技术，进一步提升地浸采铀自动化技术水平，提高地浸矿山全员劳动生产率，建成具有国际水平的千吨级地浸采铀示范工程，为砂岩型铀矿大基地建设提供技术支撑。

（6）相山铀矿集中区集约化开发示范工程

相山铀矿集中区已查明大小矿床 20 余个，资源储量达数万吨，矿床相对集中地分布在北部和西部两块区域，单个矿床规模较小。通过构建集约化区域矿山开发模式，优化矿床开拓方式、采掘装备、提升运输系统及风、水、电配套设施，研究安全高效采矿工艺，研制矿井配套采掘装备，统筹区域铀水冶厂、废物堆放处置场等配套设施建设，实现小矿床区域集约化规模开发，提升铀矿地下开采的技术水平和机械化水平，实现铀矿地下开采的规模效益，进一步推动南方铀矿大基地建设。

（7）海外核能矿产资源勘查区找矿示范

选择海外铀资源丰富和找矿潜力大的核能矿产资源成矿区，结合海外铀资源掌控和开发的需要，按照合作共赢的原则，发挥我国技术等方面的优势，实现铀资源勘查的突破，为实施走出去战略和所在国家的找矿发挥示范作用。

4.2.2 安全环保重大应用示范工程

（1）南方硬岩矿山环境影响最小化及安全监控预警示范工程

由于南方硬岩采用常规采冶工艺，生态影响较显著、废物产生量多、潜在安全影响大。通过开展环境影响最小化技术研究和安全监控技术研究，初步建成一个环保安全管理现代化、职业照射剂量低、环境友好、安全风险可控的大型铀矿冶示范基地。

以矿床规模最大的相山基地为依托，开展废物最小化与监控技术研究、铀矿冶典型事故致因机理与演化模拟研究，开展铀尾矿库地下水影响调查与评价，研究与实施新型高效废水处理及回用技术、尾矿干堆技术及尾矿井下充填技术，研究与建立铀矿冶关键场所辐射连续监测体系、流出物及环境在线监测体系、大气辐射环境影响监控与评价体系、铀矿井下通风降氡三维控制体系、深部开采降氡降温及安全监控系统、尾矿库安全和地下水影响监控平台、通风安全信息管理与监控网络、矿区环保安全遥感动态监测预警系统。

（2）北方砂岩型地浸矿山环境影响监控及地下水修复示范工程

地浸采铀相对于常规采冶具有投资省、建设周期短、成本低、劳动强度小、生产效率高、安全性能好、废水排放量少、不产生尾矿与废石、生态影响小和易实现大规模自动化生产等独特优势，因此，在国际上迅速得到推广利用。随着地浸采铀的快速发展、国家对环保要求的日益提高、人们对地浸采铀的深入了解，地浸采铀的环境问题逐渐显现并受到关注和重视，如氡的释放、废水产生与处理、地下水修复和蒸发残渣处置等。我国地浸采铀环境污染控制技术明显滞后于地浸采铀生产技术，与国际先进水平存在较大差距。

开展地浸采铀氡释放源及其环境影响调查与评价，研究关键部位氡污染控制技术，优化水冶厂通风降氡系统，研究建立氡释放源监控与评价系统，建立抽液与注液闭路循环系统。研究溶浸范围与组分迁移监控体系，优化井型布置与抽注液量比，实现溶浸范围优化和地下水影响最小化。优化地浸采铀工艺水循环利用和处理技术，进一步降低吸附尾液铀浓度，建立工艺水及废水排放的监控系统，研究建立地浸采铀废水深井处置及其环境影响监控技术体系。研究建立地下水修复标准体系及地下水修复试验工程。研究与实施钻孔泥浆循环利用及无害化技术。通过示范工程的研究建设，进一步完善地浸采铀环境保护技术，使地浸采铀的环境优势得到进一步体现，为地浸采铀的快速发展提供环保方面的支撑和保障。

（3）鄂尔多斯地区铀煤协同开采环境影响及防治示范工程

沉积盆地经常出现铀煤等多种资源共（伴）生或上下叠置赋存的现象。为了实现资源回收最大化、环境效益最佳化、相互影响最小化，非常有必要建设铀煤资源协调开采安全环保示范工程，研究放射性核素迁移转化规律、放射性污染控制措施、地浸生产工艺优化、地下水修复技术与残余放射性控制，为多种资源共伴生情况下协调开采奠定理论基础，并提供工程技术示范。

铀煤协调开采安全环保示范工程，可以鄂尔多斯盆地北部地区纳岭沟特大型铀矿床及与其在层位上具上下叠置关系的塔然高勒煤田为研究对象，建设两种矿产资源协调开发示范工程。开展详细的区域水文地质条件和辐射本底水平调查，摸清该区域的水文地质参数和辐射水平现状，为工程研究查明环境条件。以区域水文地质条件为基础，建立固、液、气三相耦合迁移转化模型；以示范工程现场运行参数为基础，开展放射性核素在地下岩层中迁移转化三维仿真数值模拟；以现场运行和数值模拟为基础，开展放射性污染控制方案研究，控制放射性核素的迁移转化。通过铀矿开采示范工程，优化运行参数，确定合理的开采规模、运行工艺、施工建设方案，为安全环保开采提供工艺支持。选定特定区域开展地下水修复的试验研究，确定地下水修复的方法、流程、工艺参数，分析残余放射性的水平，并在此基础上进一步开展残余放射性辐射环境影响研究，最终提出有针对性的辐射环境影响控制管理措施和技术措施，以保证残留放射性的辐射影响降至最低，最终实现放射性污染的有效控制，减少铀煤开发的相互影响，为实现铀煤协同开采、安全开采提供示范。

4.3 国内铀矿大基地建设

坚持推进铀矿大基地战略，优化铀矿勘查开发的布局结构，加快天然铀产业安全高效、绿色创新发展，提升天然铀生产技术水平和能力，确保天然铀生产是核军工基石和核电粮仓的地位。

4.3.1 大基地勘查

实施铀矿大基地战略，围绕新疆、内蒙古千吨级铀矿山建设，系统部署铀矿地质勘查工作，促进铀矿找矿的重大突破，落实经济可采资源储量。扩大蒙其古尔、纳岭沟、二连和钱家店等铀矿床及其外围资源量规模，扩大落实一批特大型和超大型铀资源基地。

4.3.2 大基地建设

以北方砂岩型大型铀矿为开发重点，按照规模化、集约化、信息化的要求，建成一批技术先进、管理科学、机制灵活、精干高效的新型绿色铀矿山，切实提升铀矿产能的规模化和集约化程度，在新疆、内蒙古率先建设铀矿大基地，使地浸砂岩铀矿产量比例提高到80%以上。

北方千吨级地浸矿山建设。在新疆蒙其古尔建成首个千吨级铀矿大基地的基础上，在内蒙古通辽、纳岭沟、二连，积极推进核工业与油气、煤炭行业之间的战略合作，发挥探采一体的协同优势，努力解决勘查、矿权、工艺、战略合作等重大难题，尽快建成一批千吨级铀矿大基地，人均劳动生产率应达到 4 tU/人·年以上，并建成绿色智能地浸矿山。

南方铀矿山基地改造升级。重点在相山、粤北等老矿田的深部和外围开展火山岩型和花岗岩型铀矿勘查，查明或扩大一批铀矿床。通过现有矿井升级改造和新项目建设，提高劳动生产率到 1 tU/人·年以上。

统筹大基地科研、建设、生产规划，打造集科研开发、生产、经营为一体，具有现代管理水平的区域性矿业公司。新疆、内蒙古基地以地浸开采为主，建成千吨级以上铀矿大基地，江西、广东基地以搅拌浸出、堆浸为主，通过实施整装勘查、集约开发，大幅提升生产能力。

4.4 国外铀资源勘查开发

4.4.1 加强与“一带一路”国家的合作开发

“一带一路”国家铀资源十分丰富。根据国际原子能机构发布的红皮书资料，“一带一路”国家中哈萨克斯坦、俄罗斯、乌克兰、蒙古、印度、捷克、乌兹别克斯坦等 15 个国家的生产成本＜260 美元/kgU 的可回收铀资源总量就达 249 万 tU，约占全球该成本级别铀资源总量的 32.6%。

关于铀生产，“一带一路”国家中哈萨克斯坦、俄罗斯、乌兹别克斯坦、乌克兰、捷克和罗马尼亚 6 个国家 2015 年的铀生产总产量约 3.1 万 tU，占当年全球铀生产的 50.6%，特别是哈萨克斯坦的铀生产为当年全球总产量的 39.3%，居全球第一位。由此可见，“一带一路”国家的铀资源及生产在全球铀资源及生产中占有举足轻重的地位。

上述 15 个“一带一路”铀资源国家中，正在与我国开展铀资源勘查开发合作的国家有哈萨克斯坦、乌兹别克斯坦、沙特阿拉伯和蒙古。

目前，中广核集团和中核集团在“一带一路”国家中的哈萨克斯坦和乌兹别克斯坦及蒙古等国家拥有生产项目 2 个，待建项目 1 个，勘探项目 1 个，控制权益资源量约 4 万 tU，已经实现权益产能 700 tU/a。哈萨克斯坦也是我国最大的天然铀贸易国，应在加强合作开发的同时继续扩大天然铀的进口贸易量。

从上述情况可以看出，我国与“一带一路”国家开展铀资源合作开发已经取得良好的开端，具备进一步加强合作的基础，我国与“一带一路”国家开展铀资源合作开发的前景广阔。根据对“一带一路”国家的铀资源富集程度、核电发展对铀资源的需求、铀资源开发对外的开放程度、现阶段铀资源开发的经济技术条件以及其他开发条件等进行综合分析，认为“一带一路”64个国家中具有铀资源合作开发潜力的目标国主要有哈萨克斯坦、俄罗斯、蒙古、沙特阿拉伯、乌兹别克斯坦、乌克兰、捷克和土耳其等国家，其中合作潜力较大的国家为哈萨克斯坦、俄罗斯、蒙古、乌兹别克斯坦、沙特阿拉伯等。

由此可见，“十三五”和“十四五”期间，应大力加强与“一带一路”国家开展合作的整体布局，争取在哈萨克斯坦、乌兹别克斯坦、乌克兰、俄罗斯和蒙古等“一带一路”国家再获得一批新的合作开发项目，至2030年使“一带一路”国家发展成为与我国天然铀供应合作的重要区域。

4.4.2 稳步推进非洲国家项目

自2007年我国企业走出去以来，非洲一直是中国企业在国外开展铀资源勘查与开发的主要目标地区，其主要原因是非洲铀资源丰富，铀资源所在国与我国关系良好，项目也相对容易获取。

8年来，中核集团和中广核集团在非洲的铀资源开发项目取得了较好的工作成果，获得权益铀资源约29万tU，权益产能约940 tU/a，在建产能5 775 tU/a。

下一步，我们要稳步推进现有非洲项目的合作勘查开发，再适当并购一些新的勘探和开发项目，同时，加大现有项目勘查开发的力度，通过自主勘探和开发，至2030年争取与非洲国家有更广阔的铀资源合作。

4.4.3 开拓澳、加等资源强国的铀矿资源市场

澳大利亚的铀资源量一直高居世界榜首。截至2015年1月，澳大利亚拥有的回收成本＜260美元/kgU的已查明资源有178万t（其中＜130美元/kgU的保有已查明铀资源为166.4万t），居全球第一位，随着勘探工作的深入，澳大利亚的铀资源还在不断增加。

澳大利亚一直是世界铀生产大国，截至2015年澳大利亚已生产天然铀20.2万t，占世界铀总产量的7%左右。近年来澳大利亚的天然铀生产一直占据着重要位置，自20世纪90年代中期至2008年一直保持着世界铀生产的次席，2009年以后由于哈萨克斯坦地浸铀生产的突起，澳大利亚降到了第3位。

加拿大铀资源十分丰富。其发现的铀矿床以资源量大、品位极富而闻名全球。根据国际原子能2016年发布的《铀资源、生产与需求》红皮书，加拿大目前保有的回收成本＜260美元/kgU的已查明资源有70.4万tU（其中＜130美元/kgU的保有已查明

铀资源为 50.9 万 tU)。

加拿大的铀生产始于 1942 年，1959 年达到生产高峰，产量为 12 200 tU，尔后下降，近 10 年的年产量维持在 9 000～10 000 t，其全球排名从全球第 1 位到 2009 年后下降至第 2 位。当 Cigar 湖矿山达产时，其铀产量将大幅增加。到 2015 年年底为止，加拿大历史上共生产了 49.6 万 tU，占世界总量的 17.6%。

上述情况表明澳大利亚、加拿大一直是全球核能矿产资源强国和生产大国。

此外，加拿大和澳大利亚国家政治稳定，矿业及投资法规政策稳定，特别是对投资者的矿权保护很好，无论是勘探区块还是开发区块，只要投资者合法运营，矿权使用没有年限限制，投资者在矿业低谷时可以大幅减少投资，降低投资风险，而不用担心因矿权使用年限长而遭遇矿权灭失的问题。

我国在加拿大和澳大利亚的铀资源开发方面工作还不够，还没有取得突破性进展。到目前为止只有中广核和中钢在澳大利亚拥有 2 个勘探项目，中广核在加拿大拥有 1 个勘探项目，铀资源开发工作还没有取得大的突破。因此，今后应加强与澳大利亚和加拿大政府及相关矿业企业之间的合作交流，积极开拓澳、加等资源强国的铀矿项目，争取尽早突破澳加开发空白。下一阶段，我国应积极拓展澳、加资源大国的项目，努力在这两个铀资源大国获得新开发项目，争取至 2030 年使澳、加资源强国发展成为我国天然铀供应的新的重要渠道。

4.4.4 探索与其他铀资源新兴国家的合作

除上述非洲国家、“一带一路”国家及澳、加等资源大国外，还应努力探索与其他铀资源新兴国家的合作，如瑞典、格陵兰、西班牙、土耳其、阿根廷等最近的铀资源勘查均有一定的发现。跟踪与这些新兴的铀资源国家及相关公司的铀资源勘查及开发状况，并取得与之的合作机会，将对扩大我海外铀资源储备，保持海外铀资源开发可持续发展起着较大的作用。争取至 2030 年在这些新兴铀资源国家为我国天然铀供应开辟出新的渠道。

4.4.5 加强铀资源贸易

在进行海外铀资源开发的同时，还要加强铀资源贸易研究，不断提高对全球铀资源市场的分析能力和国际经略能力，提升铀资源储备能力。一方面在国际铀价低迷期，能以较低的价格扩大铀资源储备，并保障国内核电发展需求，另一方面在国际铀价高峰时期，能抓住机会，向国外出售一些储备资源，既获得一定的经济回报，也能在一定程度上平抑国际铀价，为国内核电用户降低运行成本。

5 建设核能矿产资源强国的保障措施和建议

5.1 加强科技创新

核能矿产资源勘查开发的科技创新水平是建设核能矿产资源强国的关键。我国目前已经在部分领域取得了多项重要突破，但长期以来投入不够，能力体系还与美国等强国差距较大，基础研究、技术储备不足，人才的储备难以满足目前的发展，特别缺乏高端技术领军人才、高端国际化商务人才，鼓励成果转化的体制机制也有待进一步完善。

（1）加强基础研究，推进引领性原创成果重大突破

深化热液型铀矿和砂岩型铀矿成矿理论研究，为铀矿成矿预测和勘查提供新的指导理论，从而推动新区新类型新层位新深度铀矿找矿的突破。加强铀矿采冶基础理论研究，继续推进 CO_2+O_2 第三代地浸采铀技术的优化，并争取突破“智能化＋X”第四代采铀技术。

（2）加强创新能力和体系建设

建立核能矿产资源勘查开发国家重点实验室和国防重点实验室及创新中心等平台，改善研发条件、增强研发手段，提升核地质大数据挖掘能力、高性能计算能力、三维虚拟仿真能力，系统提高创新能力。同时，加强与国际学术组织或科研结构的合作，建议建立国际化联合科研机构或实验室，提高国际影响力。

（3）健全多层次人才培养体系

加强相关高等院校放射性地质和铀矿采冶工程的学科建设，加强天然铀勘查开发人才发展统筹规划分析，组织实施人才培养计划，加大专业技术人才、经营管理人才和技能人才的培养力度，加快国际化人才培养，完善从研发、勘查、开发、生产到管理的人才培养体系，打造一支适应核能矿产资源强国需要的人才队伍。

5.2 优化产业布局

我国以往天然铀生产总体上规模化、集约化程度较低，生产成本较高。为了提高

铀资源的保障程度，必须进一步调整优化天然铀产能布局，国内铀资源开发应继续坚持“上大限小”“多探少采”的保护性开发战略，以大基地战略为抓手，做好能力布局的顶层设计，推动铀矿大基地找矿突破和资源的高效开发利用。

（1）加大地质勘查投入，保障铀资源安全供应

进一步加大国家财政资金对于战略性、基础性、公益性铀矿勘查的投入力度。强化地勘能力体系建设，建议动态保持100万m/a综合勘查能力和一定的航空物探能力，建立中央财政预算核地勘专项，按照每年不低于100万m的钻探工作量安排中央财政经费，并给予合适的工程定额，形成稳定长效的财政投入机制，并根据国家动态需求确定国内铀资源勘查任务和财政投入。

（2）深化产业结构调整，继续加强北方砂岩型铀矿开发工作，形成南北方相协调的产能格局

在关停一批资源条件差、经济效益差的硬岩矿山的基础上，天然铀产能布局中心转移到北方砂岩型铀矿，将国内硬岩矿山的产能调整到适当的比例，建设具有国际竞争力的天然铀产业体系。加大北方砂岩铀资源勘查和产能项目资金投入，建设规模化、数字化地浸铀矿山，南方硬岩矿山提质增效、改造升级，最终实现提高矿山本质安全度，降低天然铀建设成本和开发成本，培育具有核心竞争力的产业集群和企业群体，走提质增效的发展道路。

（3）完善矿权政策，提升资源利用水平

多种资源共伴生的地区或盆地的资源开发应统一规划，依规划设置矿业权，做到依法依规有序勘查开发。由于规划滞后于开发活动，已暴露出资源破坏和环境污染等问题隐患的地区或盆地，应全面梳理，统一协调矿业权登记，合理布局矿产资源勘查开发。建议在确保安全和环保的前提下，固体矿产矿业权可与油气矿业权重叠登记，按照“铀矿优先、空间划开、时序错开、合理避让”的原则，制定铀矿和煤炭、油气等矿产矿业权重叠设置的专门规定，并形成常态化的协调机制。

（4）鼓励创新合作开发模式

鉴于天然铀产品必须专营的特殊要求，既要确保国家需求和资源安全高效开发，又要充分体现各方利益，可以积极推进“一个责任主体、多方参与投资、股份合作开发”模式的实施。技术领域应积极研发铀铁、铀磷、铀钼、铀铍、含铀稀土等共伴生资源的综合回收技术，降低对环境的影响，提高资源综合利用水平。

5.3 完善环境保护政策

进一步完善环境保护的激励机制。应鼓励企业为提高资源采选回收利用水平的技

术开发和改造，调动矿山企业节能降耗、综合利用和清洁生产的积极性。完善矿业用地政策，支持重点矿山开发建设。财政资金和银行信贷重点支持矿业领域循环经济发展项目。加大矿山地质环境修复治理和矿区土地复垦的投入。加强铀采冶废物最小化和地下水及土壤修复等核心技术和关键技术的研发，着力开展环保高新技术的研究。

自20世纪90年代以后，一批铀矿尾矿库等铀矿冶设施已经陆续完成退役工作，监督维护工作仍然长期由铀矿冶企业承担，面临难于控制和经费计取依据不足及难以保障等问题。建议推进退役后的铀矿尾库等铀矿冶设施属地管理，加快制定长期监护费计取办法。

5.4 完善“走出去”的政策

世界查明的经济的和较为经济的铀矿资源已基本被西方核能矿产资源强国“瓜分”，我国企业作为国际天然铀市场的后来者，要在国际天然铀市场占有更大份额，需要投入更多的资金和技术力量。我国铀资源开发企业，还没有形成足够的造血功能，资金压力很大。同时，当前天然铀市场价格处于持续低迷状态，我国在国外勘查开发铀资源面临着融资困难增加、盈利能力削弱、开发成本提高、开发技术难度增加等问题。但是，也要看到，“一带一路”国家的铀资源及其铀产量在全球占有举足轻重的地位，尽快加强与“一带一路”国家开展铀资源开发合作，前景十分广阔。对此，应加大资金支持力度和加强政策协调，一是应抓住国际铀价“筑底期”的机遇，设立海外铀资源勘查开发专项基金，支持我国企业走出去进行铀资源开发，特别是帮助企业开展地质项目的风险勘查和开发项目的并购工作；二是加强国有资本金支持，国家拟设立境外投资平台，加大对海外铀资源勘查开发项目的国有资本金支持；三是加强政策协调支持，希望商务部、财政部、外交部、中国人民银行、外汇管理局、政策性银行、出口信用保险公司等方面加强协调，建议建立金融机构支持企业走出去的专项融资政策和专项融资渠道；四是应利用近期国际天然铀市场价格处于持续低迷的有利时机，加快掌控国外部分优质铀资源和确保贸易储备的力度。

参考文献

[1] NEA/IAEA. 2016. Uranium 2016：Resources，Productionand Demand.

[2] 张金带．进入新世纪以来我国铀矿勘查的重大进展和突破 [J]. 铀矿地质，2015，31 (S1)：129-140

[3] 张金带，李子颖，蔡煜琦，等．全国铀矿资源潜力评价工作进展与主要成果 [J]。铀矿地质，2012，28 (6)：321-326.

[4] 潘自强，张伟星，等．中国裂变核能矿产资源可持续发展战略研究 [M]. 北京：中国原子能出版社，2016.

[5] 李子颖，秦明宽，蔡煜琦，等．铀矿地质基础研究和勘查技术研发重大进展和创新 [J]. 铀矿地质，2015，31 (S1)：2015：141-155.

[6] 李子颖，秦明宽．铀矿地质科技进展与展望，核地质科技论文集 [C]. 北京：地质出版社，2009.

[7] 牛学军，谭亚辉，苏艳茹，等．我国铀矿采冶技术发展方向和重点任务 [J]. 铀矿冶，2013，32 (1)：22-26.

[8] 阙为民，谭亚辉，曾毅君，等．原地浸出采铀反应动力学和物质运移 [M]. 北京：原子能出版社，2 002.

[9] 徐乐昌，薛建新，李先杰，等．铀矿资源开发辐射安全与环境保护，潘自强《中国裂变核能矿产资源可持续发展战略研究》(下篇) [M]. 中国原子能出版社，2016.

[10] 施祖远．打造铀矿冶绿色矿山的思考，中国核科学技术进展报告（第二卷） [M]. 北京：中国原子能出版社，2011.

[11] 黄敬军．绿色矿山建设考评指标体系的探讨 [J]. 金属矿山，2009，401 (11)：147-150.

[12] 潘英杰，徐乐昌，刘晓超，等．放射性废物最小化丛书第 3 分册，铀矿冶放射性废物最小化 [M]. 北京：中国原子能出版社，2014.

[13] 李子颖，漆富成，王志明，等．我国非常规铀资源及其应用前景，中国裂变核能矿产资源可持续发展战略研究 [M]. 北京：中国原子能出版社，2016.

[14] 周春艳．综合利用含铀磷矿免除放射性污染 [J]. 铀矿冶，1992，11 (1)：23-27.

[15] 刘乃忠，李喜龙，王坚朴，等．分布式原地浸出采铀工艺技术与关键设备 [J]. 铀矿冶，2015，34 (2)：61-67.

地浸采铀技术国内外对比研究

执笔人：李建华　原　渊　周　越
审稿人：张金带

目　　录

1　概述 …… 67
2　国外地浸技术和生产状况 …… 71
2.1　哈萨克斯坦 …… 72
2.2　乌兹别克斯坦 …… 79
2.3　美国 …… 80
2.4　俄罗斯 …… 82
2.5　澳大利亚 …… 83
3　中国地浸技术与国际先进水平的比较 …… 86
3.1　中国地浸技术发展现状 …… 86
3.2　资源状况对比 …… 89
3.3　地浸技术与专用设备比较 …… 89
3.4　经济指标对比 …… 92
3.5　地下水修复 …… 93
4　展望与建议 …… 99
参考文献 …… 101

1 概 述

地浸（In-situ leaching）是原地浸出的简称。地浸采铀是一种在天然产状条件下，通过浸出剂与矿物的化学反应选择性地溶解矿石中的有用组分——铀，并随后在反应中提取形成的含铀化合物溶液，而不使矿石或围岩产生位移的集采、选、冶于一体的新型铀矿开采方法。它是通过从地表钻进至含矿层的钻孔将按一定比例配制好的浸出剂注入到矿层，注入的浸出剂与矿石中的有用成分接触，发生化学反应，生成的可溶性化合物在扩散和对流作用下离开化学反应区，进入沿矿层渗透迁移的溶液液流中。溶液经过矿层从另外的钻孔提升至地表，抽出的浸出液输送至回收车间进行离子交换等处理工艺，最后得到合格产品[1]。地浸采铀工艺原理如图 1.1 所示。

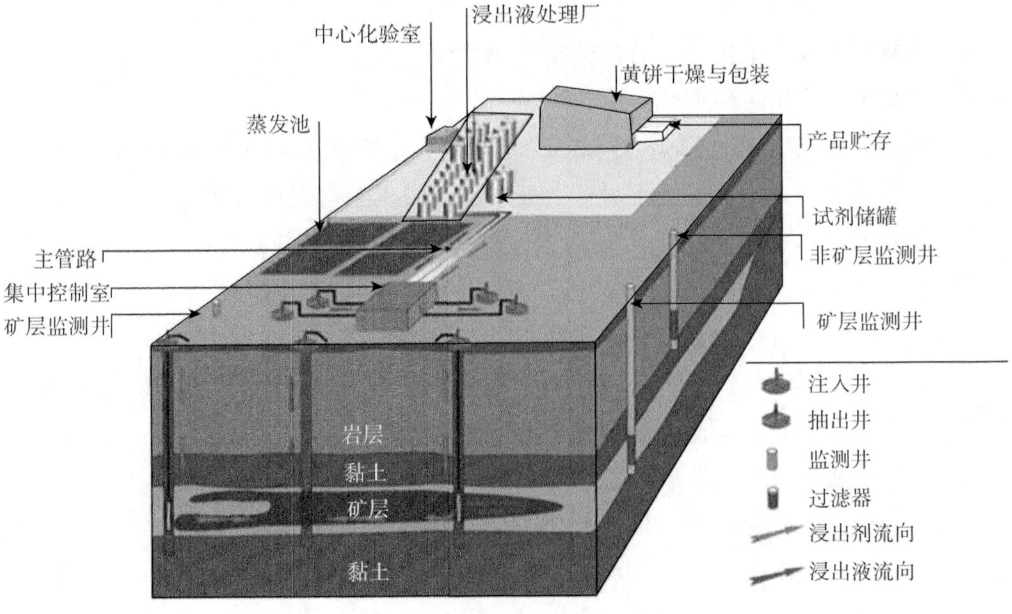

图 1.1 地浸采铀工艺示意图

从理论上来说，地浸采铀过程是一个与铀的自然沉积作用相反的过程。沉积成矿时，地层中的四价铀，在富含游离氧的地表水或地下水的长期作用下氧化成六价铀，逐渐被淋滤出来，并与地下水中的 CO_3^{2-} 等阴离子结合，以络合物的形式存在于水溶液中，被地下水携带，在天然流场作用下沿可渗滤的地层迁移。由于地层中黄铁矿、有机质等还原性物质的不断作用，地下水中的游离氧逐渐消耗，其氧化能力逐渐减弱，在合适的地球化学环境下，溶解的六价铀被还原成四价铀而沉淀，从而产生铀的富集，形成矿石。地浸采铀过程正是要在铀富集的矿层部位，通过注入浸出剂，人为地改变其沉积成矿时的地球化学环境，使四价铀氧化、溶解，从而进入地下液流中，形成含铀溶液，通过抽出井提升至地表。因此，利用地浸工艺开采金属矿床时，在地表得到的不是矿石，而是含金属离子的化学溶液。

学科间的交叉和渗透是促进科学技术发展的重要因素。地浸是融地质学、水文学、化学、湿法冶金、环境工程等于一体的综合性采矿技术，是各学科交叉和渗透发展的结晶。地浸采铀技术主要包括：矿床地质和水文地质条件评价，钻孔结构和施工工艺，浸出剂配制和使用方法，地下流体的控制技术，浸出过程的物理—化学行为，浸出液回收工艺和设备，地下水污染的防治等。

地浸采铀与常规采矿相比，具有如下优点：

（1）基建投资少，建设周期短，生产成本低，劳动强度小；

（2）不必建造和管理尾矿堆及尾矿库；

（3）环境保护好，基本不破坏农田和山林，环境污染大为减轻；

（4）从根本上改变了生产人员的劳动和卫生保护条件；

（5）使繁重的采矿工作“化学化”“工厂化”“全自动化”；

（6）能充分利用资源，例如，对于那些规模小、埋藏深、品位低的矿体，采用常规采矿时可能不经济，或技术上不可行，而采用地浸工艺却是经济可行的。

虽然地浸采铀具有以上优点，但是作为一种特殊的铀矿开采方法，它的应用有一定的局限性，因此也存在一些缺点：

（1）只适用于具有一定地质、水文地质条件的矿床；

（2）如果矿化不均匀，矿层各部位的矿石胶结程度和渗透性不均匀或是矿石中部分有用成分难以浸出，这些都将影响开采的技术经济指标；

（3）存在对地下水环境造成污染的问题，因此需要对地下水进行治理。

地浸采铀过程是一个典型的带有化学反应的流动过程。当浸出剂沿矿层渗透迁移时，浸出剂与矿石发生化学反应，浸出剂与矿石的相互作用是一个多相（液—固）化学反应过程，该过程一般包括以下几个步骤：①浸出剂从溶液主体（相对于液膜而言）扩散到固体颗粒（矿石）的外表面，包括从溶液主体到颗粒表面液膜外表面的对流扩散与通过液膜的分子扩散——外扩散过程；②浸出剂从颗粒的外表面通过颗粒的毛细孔和裂隙以分子扩散方式扩散到颗粒内表面，并排挤出孔隙水——内扩散过程；③扩散到内表面的浸出剂与铀矿物发生化学反应，同时反应生成物溶解，此过程包括化学变化和相变化；④生成物从颗粒内表面扩散到颗粒外表面——内扩散过程；⑤生成物从颗粒外表面进入到溶液主体——外扩散过程。

地浸过程中，如果浸出剂的渗透是最慢的过程，则可以认为该过程属对流扩散控制；如果化学反应是较为缓慢的过程，则过程属化学反应控制。由于地浸过程是带有化学反应的流动过程，因此该过程除了受化学反应动力学因素的制约外，同时还应受地下水动力学因素的影响，铀的渗透浸出过程是很复杂的。

通过建立经验的和数学的模型，查明地浸过程的某些普遍规律：

（1）在可渗透的岩石中，浸出速度与渗滤速度呈线性关系；

（2）在一定的浸出剂浓度条件下，达到某一浸出率所需的溶液量，不取决于渗透速度，可以用溶液量与被溶浸的矿石量之比（液固比）来表示；

（3）在同一渗透速度条件下，浸出速度与浸出剂浓度成正比；

（4）浸出液中的金属浓度同渗透速度与渗透路径长度之比呈指数关系；

（5）浸出过程是自身多次溶解与沉淀的过程，也就是铀在运动的物理化学障（酸—碱或氧化—还原）上的再沉积。

1957 年美国学者提出地浸法开采铀矿床的想法，但是较为系统地开展地浸采铀试验研究始于 20 世纪 60 年代初。1961 年，美国犹他州建筑和采矿公司（Utah Construction and Mining Co.）首先在怀俄明州 Shirly Basin 的一个铀矿床采用酸法进行了半工业试验，并于 1963 年至 1968 年间组织了小规模的生产。1975 年 4 月 Dalco. Atlantic Richfield 和 U. S. Steel 公司联合经营的 Clay West 地浸铀矿山投产，标志着地浸采铀在世界已进入商业性生产阶段。70 年代后期，地浸采铀在美国的得克萨斯州、怀俄明州、科罗拉多州、新墨西哥州、内布拉斯加州等地迅速发展。进入 90 年代以后，由于常规采铀矿山的不断关停，地浸法已成为铀生产的重要方法。至 1992 年，美国已关闭所有的常规采铀矿山，地浸法生产的铀占总产量的比例继续增加。目前地浸采铀正以其低成本的经济优势在美国采铀工业中居支配地位，地浸法生产的铀产量将会占据更大的比例。

20 世纪 60 年代中后期，继美国地浸采铀获得成功以后，苏联、保加利亚、原捷克斯洛伐克等也开展了地浸采铀试验，并于 20 世纪 70 年代相继进行了工业规模的生产。哈萨克斯坦与乌兹别克斯坦等国家，具有极为丰富的适于地浸的疏松砂岩型铀矿资源，以及良好的地质、水文地质条件，地浸采铀规模和技术得到了迅速发展，已成为全球主要地浸采铀国。哈萨克斯坦从 2009 年开始，一直为世界最大的天然铀生产国，全部采用地浸工艺。哈萨克斯坦 2015 生产天然铀 23 800 t，占世界总产量的 39%，由于天然铀价格下跌，该国采取限产措施，2016 年天然铀产量 22 000 t。

我国地浸采铀研究始于 20 世纪 70 年代，核工业第六研究所首先在广东河源砂岩铀矿床进行了探索性试验，1982—1984 年在云南 381 矿床进行地浸采铀中间性试验，获得了令人满意的结果，标志着我国已初步掌握地浸采铀技术。1991 年，云南 381 矿床建成了我国第一座小规模地浸采铀试验矿山。2000 年新疆 512 矿床地浸采铀工程投入运行，建成第一座地浸生产矿山——737矿。新疆地浸技术工业性应用的成功，标志着我国地浸采铀从试验研究向工业生产的飞跃。从2000年左右，核工业北京化工冶金研究院的科研人员开始探索CO_2+O_2地浸采铀技术的可行性，并初步提出了试验方法和应用条件。2 006—2008年，在内蒙古通辽钱家店铀矿床开展了地浸条件试验和工业性试验研究，获得了各项技术参数，为CO_2+O_2地浸采铀提供了完整的工艺流程。2009年，CO_2+O_2地浸采铀技术在内蒙古通辽钱家店铀矿床实现工业应用，标志着中国地浸采铀技术进入世界先进行列。

采用以CO_2+O_2地浸采铀为标志的第三代天然铀提取技术，新疆伊犁千吨级绿色铀矿山已达产运行，成为建设新型铀矿山的样板和示范。内蒙通辽钱家店、巴彦乌拉等地浸采铀工程顺利投产。2017年，采用地浸技术生产的天然铀占我国天然铀年产量的比例超过70％，预计2020年这一比例将达到90％。

2 国外地浸技术和生产状况

根据核能机构（NEA）和国际原子能机构（IAEA）《铀资源、生产和需求—2016》资料，截至2015年1月1日，全球回收成本小于＜USD 260/kgU的已查明资源量为764.1万t，主要集中在澳大利亚、哈萨克斯坦、俄罗斯、加拿大、中国、美国、纳米比亚、南非、尼日尔以及巴西这10个国家，占全球已查明资源量的84.6%。

天然铀生产按照开采方法分类，主要包括地下开采，露天开采，地浸开采以及伴生产品回收。进入21世纪以来，地浸采铀在世界天然铀产量中占比逐年增加，2009年地浸采铀产量占世界天然铀总产量36%，2010年占41%，2011年和2012年都占45%，2013年占47%，2014年占47.5%。2015年，全球近20个天然铀产国，共生产天然铀总产量为60 496 t，地浸采铀产量为29 197 t，占比为48%；露天与地下开采产量为27 791 t，占比为46%；其余作为副产品生产，产量为3 507 t，占比为6%。2016年全球地浸生产的天然铀产量30 062 t，占世界天然铀产量的48%，高于地下开采、露天开采、堆浸、原地爆破浸出等采矿方法的产量，位居首位。天然铀产量主要集中在哈萨克斯坦、加拿大、澳大利亚、尼日尔、纳米比亚、俄罗斯、乌兹别克斯坦、美国、中国和乌克兰这10国，产量占全球产量的97%左右。

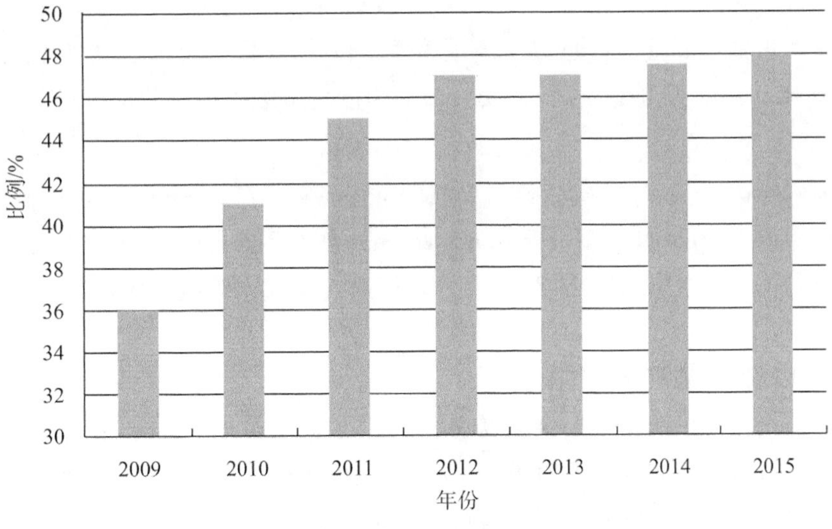

图 2.1 地浸采铀在世界天然铀产量中的比例

目前，采用地浸方法生产铀产品的国家主要有哈萨克斯坦、乌兹别克斯坦、俄罗斯、美国、澳大利亚、中国和巴基斯坦。2015 年按主要国家的地浸采铀矿山年生产量排序如下：哈萨克斯坦（23 800 t）、乌兹别克斯坦（2 385 t）、美国（1 142 t）、俄罗斯（1 078 t）、澳大利亚（935 t）。为应对天然铀价格下跌，哈萨克斯坦采取限产措施，2016 年天然铀产量略有下降，全年生产天然铀 22 000 t。

地浸采铀工艺通常分为酸法地浸和 CO_2+O_2 地浸。酸法地浸采铀的代表是哈萨克斯坦，天然铀生产全部来自酸法地浸采铀。CO_2+O_2 地浸采铀的代表是美国，其地浸矿山均采用 CO_2+O_2 地浸采铀工艺。

2.1 哈萨克斯坦

哈萨克斯坦 2009 年成为世界最大的天然铀生产国，产量占世界天然铀总产量的 28%。2014 年占世界总产量的 41%。2015 年生产天然铀 23 800 t，占世界总产量的 39%，如表 2.1 所示。

表 2.1 哈萨克斯坦天然铀产量变化

年份	2009	2010	2011	2012	2013	2014	2015
产量/tU	14 020	17 803	19 450	21 317	22 451	23 127	23 800

2.1.1 资源概况

哈萨克斯坦铀资源量约占世界 12%，位居世界第二位。目前已在 6 个成矿省探明 50 多个铀矿床，总资源量 170 万 t，70%以上为砂岩型铀矿床，其中可地浸铀资源占世界总量的 89%。

该国铀矿资源主要集中在楚-萨雷苏（Chu-Sarysu）省、锡尔达林（Syrdarya）省与北哈萨克斯坦（Northern Kazakhstan）省。楚-萨雷苏省占哈总资源量的 60.5%，北哈萨克斯坦省 16.5%，锡尔达林省 12.4%。但是，地浸铀矿山主要在楚-萨雷苏省和锡尔达林省。

哈国可地浸铀资源具有以下特点：

（1）铀矿床分布广而集中。铀矿床分布广，在造山带内的古老中间地块与褶皱—断裂区、年轻地台的海相盆地与陆相盆地中形成大型铀矿床。铀资源分布集中，Chu-Sarysu、Syrdarya 等地区探明的铀资源量都超过 20 万 t。

（2）大型、超大型矿床多。哈国铀成矿作用十分强烈，形成了一批万吨级以上大型与超大型铀矿床，初步统计铀资源量大于或接近 2 万 t 的矿床达 31 个，其中 5 万 t 以上的矿床有 Mynkuduk、Inkai 等 8 个，最大的 Inkai 铀矿床铀资源量达 38 万 t。

(3) 可地浸铀矿为外生渗入型，包括层间氧化带型、潜水氧化带型、古河谷型，主要的层间氧化带型铀资源量占比超过 70%。

典型的层间氧化带型铀矿床具有如下特点：成矿地质年代为白垩世纪期与第三纪早期，埋藏深度 150～700 m，品位 0.01%～0.5%，铀矿物主要存在形式为沥青铀矿与水硅铀矿，碳酸盐含量（以 CO_2 计）含量＜2%，黏土含量＜20%，地下水静水位－30～150 m，矿化度 0.6～5.0 g/L，pH 7.5～7.9，地下水温度 14～45 ℃。

2.1.2 地浸矿山生产情况

哈萨克地浸采铀试验开始于 1970 年。目前，该国有 17 个铀矿山正在运行（见表 2.2），绝大多数由哈萨克斯坦国家原子能公司经营，生产成本约 11～29 美元/磅 U_3O_8（1 磅＝0.453 6 kg）。其中，中广核参股经营伊尔科利（Irkol）和谢米兹拜伊（Semizbai）铀矿。从表 2.3 可见，由于资源禀赋，哈萨克地浸铀矿规模大，前 6 大地浸铀矿山年产量均超过千吨，远超我国单个铀矿山，这也是哈国天然铀经济上非常具有竞争力的原因之一。

表 2.2 哈萨克斯坦地浸矿山生产情况

铀成矿省	地浸矿山	2012 年/tU	2013 年/tU	2014 年/tU	2015 年/tU
楚-萨雷苏（东部）	托库杜克-莫英库姆	3 661	3 558	4 322	4 109
	南莫英库姆-坎如甘	1 075	1 129	1 174	1 192
楚-萨雷苏（北部）	乌代纳斯-东门库杜克	1 234	1 192	1 154	1 154
	中门库杜克	1 622	1 800	1 790	1 847
	西门库杜克	1 003	998	870	1 000
	因凯-1，2，3	1 701	2 047	1 922	2 234
	因凯-4	1 870	2 030	2 002	2 055
	阿克达拉	1 095	1 020	1 007	1 019
	布琼诺夫 1，3，4	1 203	1 499	1 594	1 642
	布琼诺夫 2	2 135	2 115	2 084	2 061
锡尔达林（西部）	南卡拉穆伦和北卡拉穆伦	1 000	1 000	941	948
	伊尔科立	750	750	700	750
	哈拉桑 1	583	752	858	1 110
	哈拉桑 2	603	888	1 135	1 400

续表

铀成矿省	地浸矿山	2012 年/tU	2013 年/tU	2014 年/tU	2015 年/tU
锡尔达林（南部）	扎列奇诺耶	942	931	876	826
北哈萨克斯坦	谢米兹拜伊	470	411	400	453
	RU-1	370	331	298	—
合计		21 317	22 451	23 127	23 800

表 2.3 哈萨克斯坦地浸矿山产量排名

矿山名称	国家	类型	2015 产量/tU	占世界天然铀比例/%
托库杜克-莫英库姆	哈萨克斯坦	酸法地浸	4 109	7
因凯	哈萨克斯坦	酸法地浸	2 234	4
布琼诺夫 2	哈萨克斯坦	酸法地浸	2 061	4
南因凯	哈萨克斯坦	酸法地浸	2 055	3
中门库杜克	哈萨克斯坦	酸法地浸	1 847	3
布琼诺夫 1，3，4	哈萨克斯坦	酸法地浸	1 642	3

2.1.3 钻孔施工工艺

以谢米兹拜伊（Semizbai）铀矿钻孔施工为例，介绍哈萨克斯坦钻孔施工的主要工艺。

（1）施工导向孔

用直径 132 mm 的牙轮钻头钻进，使用泥浆循环。钻井泥浆使用清水与膨润土配制。钻进参数：压力 700～900 kN，转速：200～300 r/min，泥浆 1.05～1.11 g/cm^3，流量 200～300 L/min。

主要技术要求：孔位与实际位置偏差不大于 1.0 m，平面上孔口和孔底投影距离不大于 1.0 m。

（2）第一次测井（伽马，视电阻率，自然电位）

确定矿体深度，检查裸井偏差，确定过滤器位置。

（3）扩孔与井径测井

抽孔（包括抽注功能互换孔），用直径 240 mm 的钻头扩孔到台阶，台阶下安装沉砂管，在用直径 161 mm 的钻头继续钻进 7～8 m，沉砂管的长管是 5 m。在过滤器安装部位进行最大转速钻进，同时进行最小量的供给泥浆。在扩孔时要注意变径的位置，避免破坏。注孔用直径 215 mm 钻头扩孔到安装隔塞位置。

（4）套管安装与成井

用稀泥浆冲孔，同时检查套管的完整性，清理丝扣处杂质，准备密封油，检查沉砂管的完整性，隔塞安装在过滤器上 20 cm 处，当配重下套管时，避免套管与井壁接触过紧，将细砾石夹留在过滤器中。

抽孔（包括抽注功能互换孔）从 0～80 m 下放φ（160×18）mm 的聚乙烯（PE）套管。之后是φ（110×14.6）mm 的聚乙烯（PE）套管，之后是过滤器和沉砂管。所有的抽孔（包括抽注功能互换孔）成孔后，要用直径为 110 mm，长度为 3 m 的通径规检查，并且必须有甲方人员在场。

注孔安装φ（110×14.6）mm 的聚乙烯（PE）套管到底。

（5）电流测井

下套管后进行电流测井，检查套管和接头的完整性及过滤器安装位置。当电流强度高于 25%时，表明套管有破损，过滤器位置允许的误差是不大于过滤器长度的 10%。同时还进行感应测井，确定隔塞的位置。

（6）注水泥浆（水泥环的厚度不小于 5.0 m）

水泥环的厚度不小于 5 m 在上隔水层中，用钻具向孔壁和套管外的环形空间注入密度为 1.75 g/cm^3 的抗硫酸盐水泥，原则上不小于 6 袋（300 kg），凝固时间为 24 h。稍稍提起钻具，在 1 m^3 泥浆中掺入 20%的（250～300 kg）干水泥注入环空中。

（7）温度测井

过滤器允许的误差是不大于自身长度的 10%，24 h 后确定水泥环的位置和质量。

（8）洗孔

主要方法包括：空压机洗井、化学试剂洗井和气体脉冲洗井。洗孔水的最大含砂量要求小于 50 mg/L，单孔洗孔时间不小于 36 h。

（9）孔口回填

水泥凝固后，近地表段产生的环空进行回填，并充填约 20 cm 厚的生石灰层，一旦孔口泄露，溢出的酸溶液可以被立即中和，有利于环保。

现场施工的钻机主要为 з иф—1 200。钻机施工效率高，埋深 400 m 的钻孔，通常 4～5 天内完成钻进—成井—洗孔等全部工序。钻孔施工的成本较低，抽液井通常在 440～540 元/m，注液井在 320～420 元/m。

2.1.4 地浸采铀工艺的特点

哈萨克斯坦所有地浸矿山均采用酸法浸出，共分为三个阶段：酸化期、浸出期与浸出后期。

酸化期使用超前酸化，在此阶段矿层只注不抽，注入井与抽出井均注入浸出剂。采用 25～30 g/L H_2SO_4，一般历时 1.5～2 个月。采用高浓度的浸出剂注入矿层，可以加快酸化速度，缩短酸化时间，尽量避免酸化过程中 Ca、Mg、Fe、Al、Si 等与酸反应生成难溶的沉淀物，发生化学堵塞。譬如 pH 在 2～5 时，石英会部分溶解产生硅胶，且该反应不可逆，Al 也会生成难溶的胶体 $Al(OH)_3$[3]。直至浸出液 pH 稳定在 1.5 左右，酸化期结束。

浸出期使用 8～10 g/L H_2SO_4，维持铀的稳定浸出。浸出后期不加酸，利用吸附尾液中余酸实现铀的浸出，余酸通常能达到 2～3 g/L。

不同矿石由于化学成分与矿物组成不同，酸耗也有所差异。平均每吨岩矿酸耗 H_2SO_4 为 10～20 kg/或者每千克金属酸耗 H_2SO_4 为 25～140 kg，占其全部生产成本的 15%～20%。

浸出过程中，一般不单独加入氧化剂。一方面，浸出过程中，浸出剂硫酸不断溶解矿层中含铁矿物，Fe^{3+} 离子得到累积，浓度逐渐上升，可以充当氧化剂。另一方面，水冶工艺采用硝酸盐淋洗，部分 NO_3^- 随吸附尾液进入矿层，也能氧化矿层。部分浸出情况较差的块段，会单独加入浓度为 59.5%的双氧水作为氧化剂，采用滴灌法将双氧水直接加入到钻孔中，浓度为 0.3～0.5 g/L。

典型的地浸铀矿山井场如图 2.2 所示，钻孔布置既有行列式，也有网格型。以 Akdala 地浸矿山为例，7 点型抽注井间距 45～50 m，行列式行间距 60 m，井间距 30 m。浸出周期一般为 3～5 年，主要取决于井场的矿石品位与矿层的渗透性。浸出周期结束时，铀的浸出率达到 85%～90%。

图 2.2　典型的哈萨克斯坦地浸井场

2.1.5 水冶工艺

哈萨克斯坦地浸矿山，吸附工艺通常采用密实移动床，主要优点为：结构简单紧凑，生产能力大，易于自动化。通常在卫星厂里完成吸附，然后将饱和树脂运送至中心处理厂完成其他工艺。

饱和树脂运送至中心处理厂后，首先经饱和再吸附工序，进一步提升树脂的饱和容量，进而提升淋洗合格液的铀浓度。据资料显示，经饱和再吸附工序，淋洗合格液浓度可提升 2～3 倍。然后，饱和再吸附后的树脂，进入淋洗工序。淋洗工序一般采用密实移动床，三塔串联淋洗，淋洗剂为 $NH_4NO_3+H_2SO_4$。淋洗得到的合格液送至沉淀，沉淀剂为 $NH_3 \cdot H_2O$，沉淀 pH 控制在 8.0～8.5。沉淀得到的 $(NH_4)_2U_2O_7$ 产品，过滤干燥并包装。

部分矿山使用 U 型淋洗塔，饱和再吸附与淋洗工艺均在 U 型塔内完成。以 Irkol（伊尔科利）铀矿床为例，水冶工艺包括 8 个吸附塔，2 个 U 型淋洗塔。淋洗前树脂吸附容量 40～50 mg/mL 湿树脂，淋洗合格液可以达到 50 g/L 以上。淋洗后的贫树脂进入脱硝塔，脱硝结束后，经水清洗，再返回吸附塔使用。

表 2.4 哈萨克斯坦地浸矿山主要生产工艺

矿床名称	Muyunkum	Budenovskoe-2	Inkai-4	Inkai-1，2，3	Mynkuduk（中部矿体）	Mynkuduk（东部矿体）
矿床类型	砂岩型	砂岩型	砂岩型	砂岩型	砂岩型	砂岩型
开采方法	原地浸出	原地浸出	原地浸出	原地浸出	原地浸出	原地浸出
浸出工艺	硫酸	硫酸	硫酸	硫酸	硫酸	硫酸
浸出率/%	87	90	90	80	90	90
水冶工艺	离子交换	离子交换	离子交换	离子交换	离子交换	离子交换
处理量/（m^3/d）	100 000	80 000	80 000	80 000	60 000	45 000
水冶回收率/%	98.9	98.9	98.9	98.9	98.5	98.7

2.1.6 主要试剂消耗量

Irkol（伊尔科利）铀矿床，总资源量 29 541 tU，可采资源量 18 952 tU，平均品位为 0.042%，矿体埋深 188～750 m，矿石中 CO_2 含量为 0.55%。主要铀矿物为铀石，占 70%～90%。有相对稳定的隔水顶底板，矿石渗透系数 1～12 m/d，承压水头高度 390～440 m，地下水埋深 3～7 m。

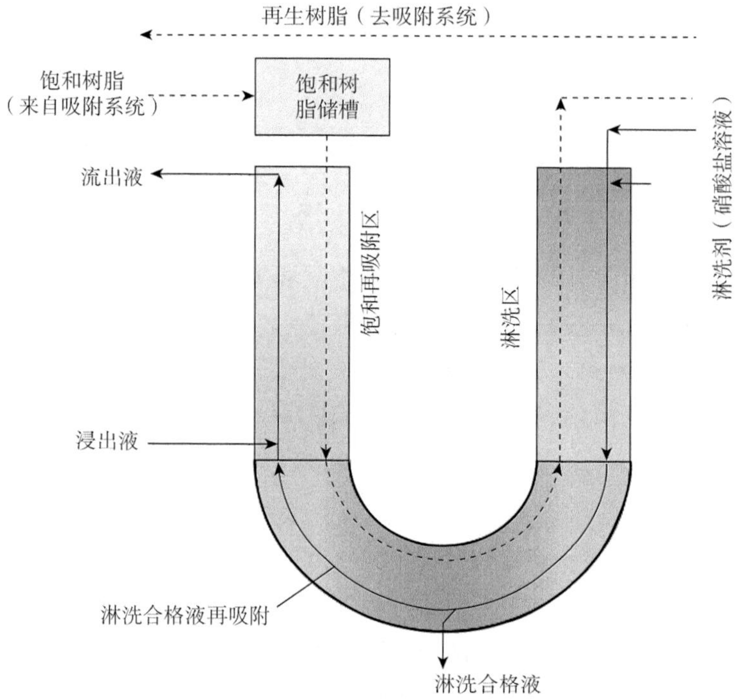

图 2.3 U 型塔主要工艺流程图

1982—1985 年，开展现场地浸采铀试验。2006—2007 年，开展矿山建设；设计产能 750 t。2008 年生产约 300 t，2012 年生产约 715 t，2013 年生产约 656 t，2014 年生产约 719 t，2015 年生产约 790.5 t。主要原材料消耗如表 2.5 所示。

表 2.5 伊尔科利铀矿床技术指标

序号	指标名称	单位	指标	备注
1	设计规模	tU/a	750	
2	2015 年运行情况			
2.1	地浸浸出液量	m^3/a	14 592 700	
2.2	浸出液平均铀含量	mg/L	54.2	
2.3	金属量	t/a	805.1	
3	水冶工艺			
3.1	水冶金属总回收率	%	97.6	
3.2	产品产量		790.5	
4	主要原材料消耗			
4.1	H_2SO_4 (92.5%)	t/tU	134.0	
4.2	NH_4NO_3	t/tU	2.80	
4.3	NaOH	t/tU	0.70	

续表

序号	指标名称	单位	指标	备注
4.4	树脂	t/tU	0.045	
5	主要能耗			
5.1	电能	kWh/tU	2.66万	
6	劳动生产率	t/（人·年）	2.21	

2.2 乌兹别克斯坦

2.2.1 资源与生产概况

乌兹别克斯坦，截至2015年12月，砂岩型铀资源量约138 800 tU，主要集中在中央—克兹尔库姆铀成矿省。黑色页岩铀资源量约40 000 tU。中央—克兹尔库姆铀成矿区呈北西向展布，长约500 km，区内中新生盆地与基底隆起相间，盆地内既发育层间氧化带型铀矿床，而且在基底隆起区下古生界内产有黑色页岩铀矿床。黑色页岩铀矿床与砂岩型铀矿床有紧密的联系。与哈萨克斯坦Chu-Sarysu和Syrdarya铀成矿区相比，中央—克兹尔库姆铀成矿区具有如下特点：

(1) 铀成矿具近源性。铀矿床分布距离前中生代隆起边缘不超过20 km，最近数百米。

(2) 含水层地温高，局部高达45 ℃。含水层温度高，有助于水岩之间的化学反应，有助于铀的沉淀富集，这可能是该盆地铀品位较高的原因之一。

(3) 主要产矿层位为上白垩统。基于岩层本身沉积韵律发育，泥-砂层反复出现，导致多层矿化。

2015年产量2 385 tU，天然铀生产量居世界第七位，产品几乎全部来自地浸矿山。地浸铀矿山由诺瓦依矿冶联合体（NMMC）经营，矿山生产规模在700～1 000 t/a，主要使用硫酸浸出剂，曾尝试低酸+氧气（空气）浸出工艺（浸出剂pH=4）。

表2.6 乌兹别克斯坦天然铀产量变化

年份/年	2009	2010	2011	2012	2013	2014	2015
产量/tU	2 338	2 400	2 500	2 400	2 400	2 400	2 385

2.2.2 主要地浸矿山情况

Uchkuduk：位于 Navoi 北部约 300 km，1995 年开始地浸采铀。资源量约 51 000 tU，年产量 700～750 tU。Uchkuduk 铀矿共探明 93 个矿体，总面积达 24 km^2。矿体长度从 100 m 到 1～6 km。矿体埋深在北部为 8～110 m，南部 280 m。矿体形态最常见呈卷状，卷头厚度一般与含水层厚度相当，平均厚度 0.5～6.0 m。铀矿物有沥青铀矿、铀的氧化物、铀石，含铀物质有磷骨碎屑和含铀炭质碎屑。按化学成分来看矿石属于硅质岩石，CO_2 含量 0.5%～3.0%，P_2O_5 含量 0.1%～0.2%，总硫 0.12%～0.7%。

Nurabad：位于 Navio 东南部，资源量 13 000 tU，年生产量 600～650 tU。

Zafarabad：位于 Navio 西部，资源总量约 52 000 tU，年产量 1 000～1 200 tU，未来准备提升年产量至 2 100 tU。

Bukinay：产于层间氧化带前锋附近，矿体埋深 150～200 m，层间水为硫酸盐—氯化钠—钙型，水温 20～23 ℃。主要产矿岩性为细砂岩，属硅酸盐型，含少量 CO_2（<0.3%）、P_2O_5（0.2%）、总硫（0.2%～0.4%）。

2.2.3 未来开发计划

NorthernKanimekh 与 Alendy 矿床，位于 Navio 西北部，矿体埋深 260～600 m，77%资源量赋存在 400～500 m，需要采用特殊的成井工艺。试验开始于 2008—2009 年，2013 年开始建设生产矿山，预计项目达产后，可提升乌兹别克斯坦的天然铀产量约 40%。

Yarkuduk、Tokhumbet 等铀矿床，于 2012 年陆续开展试验与建设。2015 年，因矿石碳酸盐含量太高导致酸法地浸效果差，诺瓦依矿冶联合体暂停了 Meilysai 矿床的建设工作，并开展工艺的优化。

2.3 美　国

2.3.1 资源概况

美国，截至 2015 年 12 月，回收成本<USD 130/kgU 的铀资源量为 629 000 tU，回收成本<USD 260/kgU 的铀资源量为 4 721 000 tU。

2.3.2 主要地浸矿山情况

美国地浸矿山分布如表 2.7 所示。主要以二氧化碳为浸出剂，有时加入碳酸氢钠，氧气为氧化剂，地浸为该国主要铀产品生产方式，矿体埋藏浅、生产成本低、环境保护要求高是美国地浸采铀的主要特点。

表 2.7 美国天然铀产量变化

年份	2009	2010	2011	2012	2013	2014	2015
产量/tU	1 453	1 660	1 537	1 596	1 792	1 919	1 256

2015 年，Smith Ranch-Highland、Crow Butte、Willow Creek、Lost Creek、Hobson-La Palangana 与 Nichols Ranch 6 个地浸矿山正在生产（见表 2.8）。年产量为 1 142 tU，生产成本每磅 U_3O_8 18.25～36.6 美元。

表 2.8 美国地浸矿山生产情况

地浸矿山	位置	2013 年产量/tU	2014 年产量/tU	2015 年产量/tU
Smith Ranch - Highland	Wyoming	646	815	556
Crow Butte	Nebraska	272	227	152
Willow Creek	Wyoming	362	217	45
Lost Creek	Wyoming	51	211	280
Hobson - La Palangana	Texas		10	4
Nichols Ranch	Wyoming		77	105
合计		1 331	1 557	1 142

Smith Ranch 矿位于怀俄明州（见图 2.4），集控室如图 2.5 所示，储量 13 107 t，平均品位 0.093 t/a，设计生产能力为 800 t/a，2015 年产 556 t；井场采用 5 点型，井距 21 m。Crow Butte 矿位于内布拉斯加州，矿体埋藏在地表以下 183～213 m，矿床的平均品位为 0.21%，设计生产能力 300 t/a，2015 年生产 152 t；井场采用 5 点型，井距 21 m。Palangana 铀矿床位于美国德克萨斯州，控制资源总量 408 t，平均品位 0.11%，另有推断资源 446t，平均品位 0.15%，设计生产能力 100 t/a。Willow Creek 矿山位于怀俄明州，矿山探明资源和控制资源总量 18 804 t，品位 0.076%，设计能力 500 t/a。由于国际铀价的低迷，该国地浸矿山未发挥其最大的生产能力。

图 2.4 Smith Ranch 地浸采铀井场

图 2.5 Smith Ranch 地浸集控室

2.4 俄罗斯

2.4.1 资源与生产概况

俄罗斯铀资源量约占世界 9%，位居世界第三位。截至 2015 年 9 月，回收成本<USD 130/kgU 的资源量为 517 000 tU。

天然铀年产量在 2 800～3 600 tU 间波动，约 1/3 天然铀由地浸矿山提供，表 2.9 为俄罗斯天然铀产量变化。

表 2.9 俄罗斯天然铀产量变化

年份	2 009	2010	2011	2012	2013	2014	2015
产量/tU	3 564	3 562	2 993	2 872	3 135	2 990	3 005

2.4.2 主要地浸矿山情况

俄罗斯正在生产的两个古河道型砂岩铀矿床，为 Dalur 与 khiagda，资源情况和生产情况如表 2.10 和表 2.11 所示。

表 2.10 俄地浸矿山资源量与生产能力

地浸矿山	资源量/tU	年设计生产量/tU	投产年份
Dalur	11 000	800	2004
Khiagda	32 000	1 000	2010

表 2.11 俄地浸矿山生产情况

地浸矿山	产量/tU				
	2012 年	2013 年	2014 年	2015 年	2016 年
Dalur	529	562	578	590	591（预计）
Khiagda	332	440	442	488	540（预计）
合计	861	1 002	1 020	1 078	1 131（预计）

Dalur 矿床，正在勘探附近的 Khokhlovskoye 与 Dobrovolskoye 铀矿床，预计可增加储量 5 500 tU。生产天然铀的同时，生产伴生产品—稀土与 Sc。

Khiagda 矿床，远景资源量为 350 000 tU。现正在建设新的采区，提升生产能力。平均埋深 170 m。它是世界唯一位于永久冻土带的地浸矿山，地下水温度仅 1～4 ℃。矿石主要类型为磷酸盐铀矿，浸出时，必须加入氧化剂。

2.5 澳大利亚

2.5.1 资源与生产概况

澳大利亚，铀资源量占全世界资源总量的 29%，位居世界第一位。截至 2015 年 1 月，澳大利亚拥有回收成本＜USD 260/kgU 的已查明资源为 178 万 t，其中回收成本

<USD 130/kgU 的已查明资源量为 166.4 万 tU。长期以来，澳大利亚的天然铀生产在世界上占据重要位置，从 20 世纪 90 年代到 2008 年一直保持世界铀生产的次席。2009 年以后，由于哈萨克斯坦地浸采铀生产的突起，澳大利亚天然铀产量降至世界第三位。

2015 年，天然铀产量为 5 654 t（见表 2.12），澳大利亚地浸矿山铀资源量和生产情况如表 2.13 和表 2.14 所示。仅次于哈萨克斯坦与加拿大两国，位居世界第三位。澳大利亚的天然铀来源有三个主要途径：Ranger 常规矿山，olympic Dam 副产品回收，Four Mile 等地浸矿山。Ranger 是世界著名常规铀矿山，2015 年产量约 1 700 t；Olympic Dam 铀储量为世界第一，铀作为主要的副产品，2015 产量为 3 168 t；Four Mile 等地浸矿山，2015 年产量为 768 t，地浸采铀的生产量占该国天然铀总产量的 13.9%。

表 2.12 澳大利亚天然铀产量变化

年份	2 009	2010	2011	2012	2013	2014	2015
产量/tU	7 982	5 900	5 983	6 991	6 350	5 001	5 654

表 2.13 澳大利亚地浸矿山资源量

矿床名称	控制资源/tU	推断资源/tU
Beverley	17 850	
Honeymoon	5 400	
Four Mile	27 000	48 800

表 2.14 澳大利亚地浸矿山生产情况

地浸矿山	2011 年产量/tU	2012 年产量/tU	2013 年产量/tU	2014 年产量/tU	2015 年产量/tU
Beverley	353.6	328.6	346.2	21.0	0
Four Mile	0	0	0	641.7	768
Honeymoon	38.2	131.4	95.2	31.4	0
合计	391.8	460.1	441.4	694.1	768

2.5.2 主要地浸矿山情况

该国的地浸采铀矿山均位于南澳大利亚，包括 Beverley、Four Mile 和 Honeymoon，采用酸法浸出。

Beverley 于 2000 年开始运行，设计产能 1 000 tU/a，2004 年达产。主矿体于 2013

年年底开采结束。North（位于 Beverley 北部 12 km）还在运行，浸出液的吸附在位于矿床的卫星厂完成，饱和树脂由卡车运至 Beverley 中心处理厂（见图 2.6）处理[2]。

图 2.6 Beverley 地浸水冶厂

Beverley North 矿床属于砂岩型矿床，呈卷状矿体。采用酸法浸出，浸出剂 $H_2SO_4+H_2O_2$，pH 为 1.2。抽，注液孔（30×30）m 间距，五点型布置，钻孔结构为填砾结构，过滤器采用缝式过滤器。单孔抽液量为 18～28 m^3/h，6 英寸潜水泵提升，抽孔内径 150 mm；单孔注液量 3.6～22 m^3/h，注孔内径 100 mm，注液压力为 0.5 MPa。该矿床渗透性好，浸出液平均铀浓度 190 mg/L，低于 20 mg/L 停止开采。

Honeymoon 于 2011 年开始运行，2012 年生产天然铀 131.4 t，生产成本约每磅 U_3O_8 47 美元。2013 年矿山暂时关闭，等待铀价回升[3]。

FourMile 矿床，紧邻 Beverley 矿床，储量为 27 000 t，平均品位 0.33%。2014 年 4 月，生产设施投入运行。浸出液送至矿床的卫星厂吸附，饱和树脂运送至 Beverley 中心处理厂处理。

3 中国地浸技术与国际先进水平的比较

3.1 中国地浸技术发展现状

在提升天然铀产能保障核电发展的需求背景下，我国加大了天然铀的勘查和开发力度。基于铀资源特点和铀成矿理论，随着地浸采铀技术的重大突破和成功应用，我国铀矿勘查开发战略重点从南方硬岩转移到北方砂岩。“十一五”和“十二五”期间，内蒙古、新疆等地区相继发现了大量的可地浸砂岩铀矿。新疆伊犁蒙其古尔、内蒙古通辽钱家店和二连巴彦乌拉地浸采铀工程陆续建成投产，地浸工艺生产的天然铀占全国总产量的比例逐年提升，2015 年首次达到 50%。地浸采铀已经成为我国天然铀生产的主工艺，也是下一步的发展重点。

“十一五”以来，以核工业北京化工冶金研究院为主的科研机构，产学研紧密结合，先后研发了 CO_2+O_2 原地浸出采铀、多层矿地浸、疏干砂岩铀矿地浸、厚含矿含水层—强还原地层铀矿地浸、淋萃流程等技术，研制了内置过滤器及其提放装置、分隔器、切割器、逆向注浆器、随钻测斜仪等专有工器具，特种离子交换树脂等材料。以及多功能地浸试验仪、加压浸出试验、长岩心驱替等试验研究装置。

CO_2+O_2 原地浸出采铀技术，是我国天然铀生产技术的重大突破，是安全绿色铀矿采冶技术的标志性成果之一。该技术巧妙地利用了 O_2 对四价铀的氧化能力，利用了碳酸根离子与铀酰离子的络合性。由于只引入 CO_2 和 O_2，他们的高选择性，使 CO_2+O_2 地浸工艺，安全环保水平大大提高，经济效益也比较好。CO_2+O_2 原地浸出采铀技术与工程应用，获得了 2013 年国防科技进步一等奖，2014 年国家科技进步二等奖。

多层矿地浸采铀技术。所谓多层矿，就是垂向上，分布有 2 层或 2 层以上的铀矿。如果把上下 2 层，连起来安装一层过滤器，过滤器长度太大，溶液的稀释比较严重。如果在矿层部位安装两层过滤器，一般来说，下部的溶液通过量会低得多，上下 2 层不匹配，造成资源利用率低。通过研制分隔器等专用工具，设计合理的钻孔结构，实现了多层矿的同时地浸开采。该技术已经在新疆伊犁盆地实现了工业应用。

疏干砂岩铀矿地浸开采技术。地浸，保证铀从地下到地上，从固相的矿物到液相的铀溶液，最重要的物质载体是地下水。疏干砂岩铀矿，就是铀矿层没有地下水，或者地下水压头低。一般来说，这样的铀矿，不适合地浸，国内外也没有地浸开采疏干砂岩铀矿的先例。针对矿体弱承压及无承压的主要特征，突破了疏干砂岩铀矿床钻孔施工和洗井技术，通过建造人工水幕实现水位抬升，开发一条技术可行、经济合理的原地浸出开采疏干砂岩铀矿的工艺技术路线，实现了疏干砂岩铀矿的地浸开采。

厚含矿含水层—强还原地层铀矿地浸技术。研发了厚含矿含水层溶液流向控制技术，通过溶液渗流分析与模拟，设计了过滤器结构、位置和长度，精细解释与利用了局部隔水层，从而有效地控制了溶液渗流路径和渗流范围，最大限度降低了浸出剂的稀释和浸出液的扩散，提高浸出液铀浓度的同时，将地下水污染控制在设计范围。

淋萃流程。地浸得到的浸出液，铀浓度低，相应的离子交换，树脂饱和容量低，由此导致工艺废水量大，沉淀消耗的原材料多。在离子交换以后，接上萃取工序，与树脂吸附-酸性氯化钠淋洗流程相比，工艺废水量减少 80%以上；而且不引入氯化物，避免了氯根带来的环境影响，环保优势明显。

通过以上地浸技术研究和成果转化应用，“十二五”期间，先后建成了蒙其古尔地浸采铀工程（见图 3.1 至图 3.3），通辽钱家店地浸采铀工程（见图 3.4），巴彦乌拉地浸采铀工程等，有力地推动了天然铀生产技术的进步，使我国地浸技术跻身国际先进水平。

图 3.1　地浸钻孔施工

图 3.2 蒙其古尔地浸采铀工程集控室

图 3.3 蒙其古尔地浸采铀工程水冶车间

图 3.4 通辽钱家店地浸采铀工程一角

3.2 资源状况对比

中国可地浸的砂岩铀资源主要产于北方的新疆伊犁盆地、吐哈盆地，内蒙古的鄂尔多斯盆地、通辽盆地和二连盆地。将美国、哈萨克斯坦、澳大利亚、中国等 4 个国家 8 个地浸矿山的资源情况对比如表 3.1 所示。

表 3.1 国内外资源情况对比

矿床名称	美国		哈萨克斯坦		澳大利亚		中国	
	Smith Ranch	Crow Butte	伊尔科利	因凯	Beverley	Four Mile	蒙其古尔	库捷尔泰
储量/t	13 107	14 331	29 541	>100 000	17 850	27 000		
矿体埋深/m	137～305	198	188～750	300～515	100～200		300～600	140～240
矿体厚度/m	1～15	1.5～4.5	7.29	5～7.5			4.5	3.0～5.0
平均品位/%	0.093	0.21	0.042	0.045～0.063	0.18	0.26	0.09	0.049
边界品位/($kg \cdot m^{-2}$)	1.22	2.28					1.0	1.0
渗透系数/($m \cdot d^{-1}$)	1.0～5.0	2.8	6.0～11.0	7.3～20.6			0.5～1.0	0.5～1.2

从资源情况对比分析，哈萨克斯坦铀资源条件最好，单个矿床控制资源量从 10 359～100 000 t，其中中广核参股的伊尔科利和谢米兹拜伊，资源状况一般。美国铀矿普遍埋藏较浅，平均品位高。澳大利亚只有 3 个地浸铀矿山，虽然品位高，但是 Honeymoon 地下水盐分高，浸出和回收困难，2015 年只有 Beverley 附近的 Four Mile 维持生产。综合来看，中国资源最好的蒙其古尔铀矿与美国和哈萨克斯坦的平均水平基本相当。比较而言，通辽盆地、二连盆地的可地浸砂岩铀资源普遍资源量少，品位低，开采难度大，按照现在的铀价，国外基本上属于不开采的范畴。

3.3 地浸技术与专用设备比较

3.3.1 酸法地浸

地浸采铀，分酸法地浸和 CO_2+O_2 地浸。采用哪种工艺，取决于具体矿床的具体条件。不同的工艺，适用不同的矿床，有其自身的优缺点、技术适用性和经济合理性。相对而言，与酸法地浸相比，CO_2+O_2 地浸安全环保。

酸法地浸采铀的代表是哈萨克斯坦，CO_2+O_2 地浸采铀的代表是美国。

哈萨克斯坦地浸矿山采用硫酸作浸出剂，一般不加入氧化剂。浸出分为酸化期、浸出期与浸出后期三个阶段。

（1）酸化期：在此阶段矿层只注不抽，注入井与抽出井均注入浸出剂。采用 25～30 g/L H_2SO_4，一般历时 1.5～2 个月。

（2）浸出期：8～10 g/LH_2SO_4，维持铀的稳定浸出。

（3）浸出后期：不加酸，利用吸附尾液中余酸实现铀的浸出，余酸通常能达到 2～3 g/L。水冶工艺一般采用离子交换树脂饱和再吸附，硝酸盐淋洗，沉淀，干燥，得到 U_3O_8 产品。

关于哈萨克斯坦地浸技术细节，公开报道的不多。我国天山铀业 737 厂的工艺流程与之基本类似，工艺参数和技术指标也相差不大。

（1）哈萨克斯坦地浸水冶厂处理能力大，部分水冶厂的处理量达到了 80 000～100 000 m^3/d，研制的 U 型塔，集饱和再吸附—淋洗于一身，淋洗合格液浓度高，值得研究、引进与吸收。

（2）哈萨克斯坦地浸井场面积大，其可拆卸移动吸附装置（卫星厂）系统，运行成熟，值得借鉴。

3.3.2 CO_2+O_2 地浸

CO_2+O_2 地浸以美国为代表。经过 50 多年的试验研究和生产实践，目前美国已形成了一整套完善的地浸采铀工艺，包括井场布置与开拓、钻孔结构与施工工艺、浸出剂的选择与使用，地下流体的模拟与控制、地下水污染治理、地浸矿山优化设计等。

目前运行的主要有俄怀明州的 Smith Ranch-Highland、内布拉斯州的 Crow Butte、德克萨斯州的 Palangana 等工程。美国 CO_2+O_2 地浸开采的对象主要是高渗透性和高品位的矿床，而对于低渗透和低品位矿床的开发还没有成功的经验。对矿床渗透系数的最低限值 0.3～0.5 m/d，正在运行的主要矿床渗透系数 2.5～5 m/d。

浸出工艺，以美国 Smith Ranch-Highland 矿山为例，浸出剂为 1 200 mg/L CO_2＋250 mg/L O_2。其中，CO_2 是加入浸出液，再进入吸附塔进行吸附；O_2 则是加入吸附尾液，由注入井注入地下矿层。吸附工艺，树脂采用粒径为 35 μm 的 DOW21K 均一性树脂。进吸附塔前加入 CO_2，主要目的是提高树脂吸附容量和减缓树脂床的板结速率。

钻孔结构与施工工艺，美国地浸矿山一般委托专业化公司，施工效率高，在薄壁套管（6.55 mm）、逆向注浆、可更换过滤器、人造砾石充填技术等方面值得我们借鉴。

为了保证钻孔的完整性，防止溶液从破损的钻孔壁渗入含矿含水层外的其他地层，污染地下水，钻孔成井后，对钻孔进行压力测试，我国尚无类似要求。

美国、俄罗斯、澳大利亚等通过中子测井，直接测定矿石中的铀品位。我国采用伽马测井，通过放射性镭间接测铀，受到放射性铀镭不平衡的影响，需要校正。尤其是浸出一段时间后，铀被浸出而镭未浸出，伽玛测井无法反映真实的铀品位。为此，遥感航测中心、东华理工大学进行了中子测井仪的研制和应用研究，取得了一定的成果。但是，离实际应用尚有一定距离，尤其是对于品位 0.01%以上的铀品位，误差较大。

美国地浸矿山自动化程度高，普遍无配液池和集液池，既不占用土地，又减少了氡的释放。我国在纳岭沟铀矿地浸试验中尝试了不用配液池和集液池，浸出液直接进入离子交换系统，吸附尾液在管道中加 CO_2 和 O_2，效果较好，但是大规模工业应用还需要进一步考察。

基于铀矿资源特点、外部社会环境、生态环境，我国地浸也有自己的特色和优点：

(1) 理论上，提出了配位吸附机理，从而指导了吸附—淋洗—沉淀工序的优化。

(2) 研制的系列离子交换树脂，吸附性能好，饱和容量高，其中 D261 乙烯大孔强碱性阴离子交换树脂，吸附容量超过了美国传统的 DOW21K 树脂。除此以外，还研制了适用高氯根的离子交换树脂，耐碳酸根树脂等特种材料。

(3) 研制了密实移动床、大流量固定床等离子交换设备，适用我国地浸浸出液组分特征，降低了原材料消耗。

(4) 多层矿地浸开采技术。所谓多层矿，就是垂向上，分布有 2 层或 2 层以上的铀矿。由于资源条件好，美国等只开采一层。为了充分利用铀资源，我国针对多层矿开展了技术研究，研发了分隔器、切割器等专用工具，实现了多层矿的经济开采。

(5) 疏干砂岩铀矿地浸技术。所谓疏干砂岩铀矿，就是矿层位于承压水位以上，或者地下水压头低。一般来说，这样的铀矿，不适合地浸，国内外也没有地浸开采疏干砂岩铀矿的先例。但是，通过建造人工水幕，保证地浸过程所需要的地下水，疏干砂岩铀矿地浸技术已经实现工业应用。

(6) 厚含矿含水层—强还原地层铀矿地浸开采技术。含矿含水层厚，即砂矿比大，浸出剂和浸出液稀释严重，会导致试剂消耗多，生产成本高。纳岭沟地浸条件试验，已经初步解决了厚含矿含水层带来的技术问题。

(7) 淋萃流程。浸出液，铀浓度低，相应的离子交换，树脂饱和容量低，由此导致工艺废水量大，沉淀消耗的原材料多。淋萃流程，与树脂吸附—酸性氯化钠淋洗流程相比，工艺废水量减少 80%以上，而且不引入氯化物，避免了氯根带来的环境影响，环保优势明显。

国内外地浸主要技术指标对比如表 3.2 所示。总体来说，从工艺流程的适应性，工艺参数的先进性，资源综合利用水平，我国地浸技术达到国际先进水平。

现阶段，我国地浸工艺存在的主要问题，一是成井工艺复杂，专有工具不足，钻孔质量受施工队伍的技术水平等因素影响较大；二是钻孔工程投入大，成本高，不能满足超深铀矿（500～800 m）地浸的要求；三是溶浸范围的模拟和控制水平有待提高；四是应进一步减少洗井废水、钻进泥浆的外排量，提高环境保护水平。

表 3.2 国内外地浸主要技术指标对比

矿床名称	美国		哈萨克斯坦		澳大利亚		中国	
	Smith Ranch	Crow Butte	伊尔科利	卡拉木伦	Beverley	Four Mile	蒙其古尔	库捷尔泰
矿体埋深/m	137～305	198	188～750	300～400	100～200		350～550	140～240
平均品位/%	0.093	0.21	0.042	0.05	0.18	0.26	0.09	0.049
边界品位/（$kg \cdot m^{-2}$）	1.22	2.28					1.0	1.0
渗透系数/（$m \cdot d^{-1}$）	1～5	2.8	6～11				0.5～1.0	0.5～1.2
单孔抽液量/（$m^3 \cdot h^{-1}$）	3.42～4.50	6.83	8.57		18～28		5.0	4.0
浸出液平均铀浓度/（$mg \cdot L^{-1}$）	76	47	54.2	70～80	190		35	52
结束点铀浓度/（$mg \cdot L^{-1}$）	17				20		10	10
资源回收率/%	>75		80～90				>75	80～90
设计能力/（$tU \cdot a^{-1}$）	800	300	750	500	850			
备注					暂停			

3.4 经济指标对比

由于资源、技术、管理体制、原材料供应及其统计口径的差异，地浸铀矿山的经济指标难以简单类比。国内外地浸矿山主要经济指标对比如表 3.3 所示。从综合指标来看，我国地浸的劳动生产率接近国际水平。生产成本与美国相当，但是高于哈萨克斯坦。

表 3.3　国内外地浸矿山主要经济指标对比

序号	指标名称	单位	伊尔科利	蒙其古尔一期	Four Mile	Smith Ranch
1	设计产能	tU/a	750			800
2	2015 年产量	tU/a	790.5		768	556
3	地浸浸出液量	m^3/a	14 592 700			
4	浸出液平均铀含量	mg/L	54.2	35～45	150	
5	H_2SO_4（92.5%）	t/tU	134.0			
6	电耗	kWh/tU	26 600	100 000		
7	劳动生产率	t/（人·年）	2.21	2.0	4～6	4～6

3.5　地下水修复

地浸采铀本质安全度高，不产生尾矿和废石，对地表环境影响少。但是，地浸采铀，尤其是酸法地浸，对地下水环境的影响一直是政府、企业、公众关注的话题，也受到 IAEA 等国际机构和相关国家的高度重视。

IAEA 组织的地浸技术研讨会，地下水环境影响及其修复，一直是重点关注之一。国家《核安全与放射性污染防治“十二五”规划及 2020 年远景目标》要求，加快地浸采铀地下水的修复技术研究。地浸采铀生产中，注入的浸出剂在平面上和剖面上向矿体外扩散，生产结束后，部分溶液残留于含矿含水层中，对浸出区及其周围含矿含水层造成污染。地下水环境影响及其修复，已经成为影响地浸采铀技术发展和应用的重要因素。经过 30 多年的研究与发展，我国开发了酸法地浸、CO_2+O_2 地浸两种工艺路线。近年来，陆续有地浸采铀采区停止作业，受污染的地下水等待修复。为此，介绍各国不同生产工艺及其地下水修复技术，以为我国地下水修复技术提供借鉴。当然，地下水污染是一个长期的过程，其修复效果还有待时间的考验。

3.5.1　地下水修复技术与标准

地下水修复的技术方法、标准，主要取决于地下水原有水质、地下水用途和利用状况。国际上通常采用的地下水修复方法有两种，自然净化法（Natural attenuation）和积极修复法（Active restoration）。自然净化法，指针对不对人类生活（生产）活动产生影响或潜在影响的地下水，地浸采铀作业停止后，污染组分经过地层的稀释、吸附、中和等作用，逐渐衰减到修复标准。积极修复法，即采取积极的物理、化学措施，在一定周期内把受污染的地下水修复到预定标准。

哈萨克斯坦和乌兹别克等中亚国家主要开展酸法地浸采铀，地下水的矿化度高，硬度高。其矿区大多地处偏远，人口稀少，因此主要采用在长期测控状态下的自然净化法（Monitored natural attenuation）修复地下水。当然，自然净化法需要较长的时间周期，乌兹别克斯坦某酸法地浸铀矿停产后自然净化 23 年，原来的酸化区面积减少了 60%。

为了加快自然净化历程，哈萨克斯坦开展了水动力强化自然净化修复试验，证实了硫酸盐还原菌对地下水修复的强化作用。

澳大利亚目前有 Beverley 和 Honeymoon 2 个酸法地浸矿山。其含矿含水层背景水质差，人畜无法使用，因而采用单一的自然净化法，即残留废液直接注入采场而不经任何处理。自然净化修复时设置监测井，以监测自然净化进程。

美国是最早应用 CO_2+O_2 地浸采铀工艺且实现工业化的国家。目前，美国地浸采铀矿山地下水治理采用积极修复法。该方法分三个阶段：

（1）停止向井场注入氧化剂和浸出剂，抽出含矿含水层中的孔隙水，使井场外含水层的新鲜水流入井场并清洗井场，抽出的井场孔隙水经地面离子交换树脂吸附铀后再注入井场；

（2）抽出井场孔隙水通过反渗透工艺，降低总溶解固体含量和电导率，淡水返回井场，浓水排入蒸发池或注入深处置井；

（3）不断抽注地下水，使矿层水质均匀，必要时加入还原剂 Na_2S、H_2S 或 H_2，保持循环，直至水质达标并长期稳定。

无论采用自然净化法还是积极修复法，地下水修复后均会出现水质反弹现象。因此，修复后的稳定及其监测是地下水修复另一个重要阶段。在此阶段，如出现水质的反弹，则需要补充或延长地下水修复。稳定及稳定后的监测期，因地而异，主要取决于所在的地质环境、所采取的地浸工艺和地下水修复工艺。

地下水修复到何种水平，各个国家有不同的标准。美国对地下水修复要求较高，需在地浸试验阶段开展地下水修复试验，为管理部门发放采矿许可证提供工艺参数和依据。美国也是开展地下水修复研究和工程实践最多的国家，目前主要采用积极修复法，对中国的地下水修复具有借鉴意义。美国核管理委员会（Nuclear Regulatory Commission，NRC）负责铀矿采冶许可证的发放、运营安全监管，以及退役安全和资金监管。美国环保局（Environmental Protection Agency，EPA）也参与相关的环境影响评价和保护工作。美国对地浸采铀地下水修复设定基本标准和次级标准。基本标准是指采矿前的背景水平（Background Levels，背景值监测的统计范围值）。次级标准是指地浸采铀作业前矿区的水质用途（如饮用水、畜牧用水、农业用水或有限制使用）所对应的水质标准，以最高污染水平限值（Maximum Contaminant Levels，MCLs）表示。对于在技术和经济上连次级标准也达不到的那些组分，可以经过政府、企业和土地所有者共同协商一致，采用替代浓度限值（Alternate Concentration Limits，ACLs），当然，这些组分主要指一般性水质参数，如TDS、硫酸盐、氯化物、铁和其他不致造成健康危险的组分。根据2016年IAEA关于地浸采铀技术与安全监管研讨会上来自NRC代表的报告，从美国的地浸采铀实践来看，地下水修复到背景水平基本上是不可能的。大部分退役的地浸采铀矿山，设定的修复标准是最高污染水平限值（MCLs），部分组分采用替代浓度限值（ACLs）。

3.5.2 酸法地浸矿山地下水修复

酸法地浸矿山的地下水治理，主要取决于该国对地下水质量的要求、地下水原有水质、当地人口分布及其对地下水的利用状况。东欧国家（主要为捷克）主要采取电渗析、反渗透与人工蒸发相结合的方法，开展地下水治理。中亚国家采用自然净化法开展地下水治理。澳大利亚的酸法地浸矿山（Honeymoon），针对含矿含水层背景水质差而采用单一的自然净化法。美国早期的酸法地浸试验，试验结束曾采取反渗透与化学沉淀法治理地下水。

3.5.2.1 捷克地下水治理工艺

捷克Straz酸法地浸采铀矿山对已污染的Turonian含水层地下水与Cenomanian含水层地下水开展了系统的治理。地下水复原治理的主要问题是：放射性物质活度高，重金属含量高，被污染地下水体积巨大。而且，治理过程中，由于两个含水层的压力差，会导致垂直渗透[4]。

Turonian含水层从1988年开始地下水复原治理。治理方法为：将被污染的地下水抽出后，直接送至NDS-6中和站中，加入CaO中和余酸，并沉淀SO_4^{2-}，处理后的清洁水进入到附近的河流中，生成的废渣进入到尾矿库中。截至2010年，已完成处理溶液3×10^8 m^3，去除盐类3.58×10^4 t，铵盐约1 250 t，SO_4^{2-}为2.05×10^4 t，90%地下污染物得到处理。

Cenomanian含水层的治理方法为：污染程度较轻的地下水（$TDS<10$ g/L）直接送至中和站中，加入CaO中和余酸，并沉淀SO_4^{2-}，处理后的清洁水进入到附近的河流中，生成的废渣进入到尾矿库中。

污染程度严重的地下水（$TDS>10$ g/L），首先将其抽出送至化学站中，去除其中的铀。然后，除铀后的地下水进入到蒸发站中蒸发（蒸发站处理能力为4 m^3/min），蒸发得到的清洁水排入附近的河流中，蒸发后剩余的浓水结晶得到$(NH_4)Al(SO_4)_2\cdot12H_2O$，并进一步处理得到$Al_2(SO_4)_3$与$(NH_4)_2SO_4$作为化工原料，结晶母液注回至含水层中。

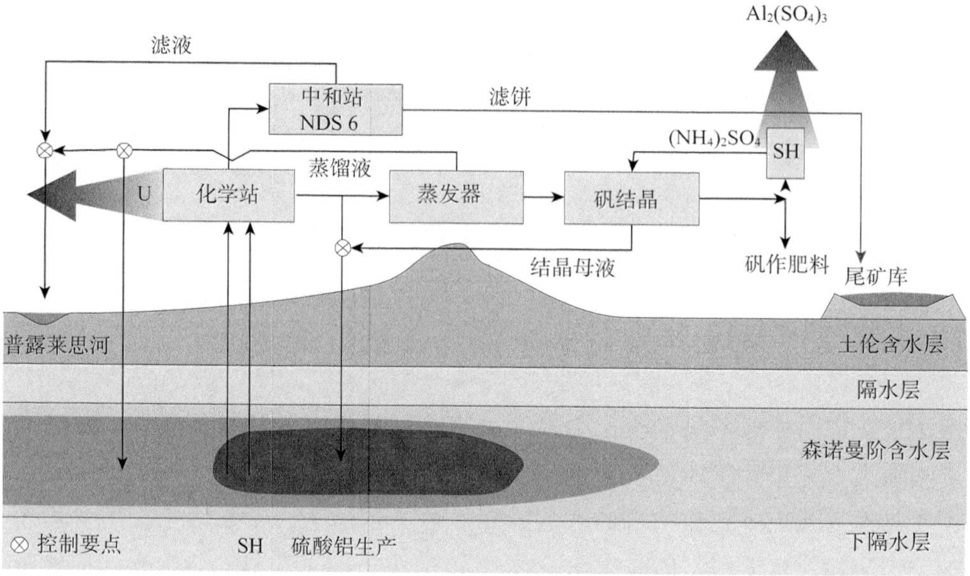

图 3.5 捷克地下水复原治理流程图

3.5.2.2 哈萨克斯坦的地下水修复工艺

哈萨克斯坦和乌兹别克斯坦主要开展酸法地浸采铀，地下水的矿化度高，酸度高，硬度高，使地下水的修复比较困难。其室内研究认为：当 pH＝7 时，溶液中的 U、Al^{3+}、Fe^{3+}、Ca^{2+} 等主要离子都已沉淀，只剩下 NO_3^-、SO_4^{2-} 等；当 pH＝5 时，90％的 U、Ra、Po 被围岩所吸附，经过长时间后，大部分污染物可以得到净化。而且由于其矿区大多地处偏远，人口稀少，因此主要采用在长期测控状态下的自然净化法修复地下水。

哈萨克斯坦是世界最大的地浸采铀国家。哈萨克斯坦法律要求地下水修复到开采前的水平。为了加快自然净化历程，哈萨克斯坦开展了水动力强化自然净化修复试验，即将采场溶液抽出再注入到附近的非氧化岩层中。此外，哈萨克斯坦进一步研究证实了硫酸盐还原菌对地下水修复的强化作用。实验室和井场现场试验表明，硫酸盐还原菌可使浸出液中的硫酸盐浓度从 10 g/L 降至 0.5 g/L；在 Karanmurun 矿床，硫酸盐含量在几个月内从 5.4 g/L 降至 2.7 g/L。

乌兹别克斯坦 Bukinay 矿床，1968 年开始地浸开采，1975 年结束。为探索地浸矿山在开采后地下水中污染物迁移状况，对 10 号矿体开展了自然净化法治理地下水的试验。在经过 11 年的自然净化之后，到 1987 年，采区盐扩散面积由减少至 6.2 万 m^2，为原来的 56.4％，含盐类总量减少至 1 730 t，为原来的 28.1％，SO_4^{2-} 浓度降低至原来的 34.5％。到 1989 年，盐区的面积又减少为 2.36 万 m^2，pH 降低至 4.85。经过长期的自然净化，被污染的地下水可以得到一定程度的恢复。

3.5.3 CO_2+O_2 地浸矿山地下水治理

美国是最早应用 CO_2+O_2 地浸采铀工艺且实现工业化的国家。鼎盛时期，国内拥有几十座地浸采铀矿山[5]。经过长期的研究和实践，已形成 CO_2+O_2 地浸采铀矿山地下水治理的一套完整流程。多个矿山的地下水治理实践证明，地下水可以治理到国家环境保护部门认可的水平，使地浸采铀真正成为了环境友好型的采矿方法。

美国地浸采铀矿山集中的怀俄明州政府要求，地浸开采后地下水必须恢复到开采前相当的水平或将来可以使用。矿山建设之前必须提出一整套地下水治理方案并付诸实施，其治理结果需获得管理部门的认可，否则无法取得矿山开采证。为保证生产结束后地下水治理效果，首先要求矿山在生产期间采取必要的措施，保持总抽液量大于注液量，控制矿区储层水不向矿区以外渗透和扩散。

目前，美国地浸采铀矿山地下水治理采用的方法实质是脱除返注。该方法利用处理设备从地下水中脱除化学组分，处理后将符合要求的水重新注入含水层。脱除包括几种连续水处理技术，常用于地浸采铀矿山的有反渗透、电渗析和离子交换。

借助脱除返注的工艺，通常地下水的治理分为三个阶段。

(1) 第一阶段：停止向井场注入氧化剂和浸出剂，抽出含矿含水层中的孔隙水，使井场外含水层新鲜水流入井场并清洗井场，即清除法，抽出的井场孔隙水经地面离子交换树脂吸附铀后再注入井场，通常需要 5～7 倍的井场孔隙水才能洗干净。

(2) 第二阶段：抽出井场孔隙水装入原液罐中，经砂滤、袋式过滤器过滤，加压通过反渗透器以降低总溶解固体含量和电导率，淡水返回井场，高卤水排入蒸发池或注入深处置井。这种方法要求高效的处理系统，防止将污染物重新注入地下水中。

(3) 第三阶段：不断地抽注地下水，使矿层水质均匀，必要时加入还原剂 Na_2S、H_2S 或 H_2，保持循环，直至水质被认可且在稳定期保持不变。

地下水治理方法与矿床地质和水文地质条件有关，美国 Christensen 地浸矿山的地下水治理的具体做法是：(1) 地下水清除，约 1 个孔隙体积；(2) 反渗透处理—再注入：5 个孔隙体积；(3) 加 H_2S 还原沉淀重金属；(4) 泵抽循环使地下水质均匀。

由于地下水修复后会出现水质反弹现象，因此修复后的稳定及稳定监测是另一个重要的地下水修复阶段。在此阶段，如出现地下水水质的反弹，则需要进行补充的地下水修复。稳定及稳定后的监测期，也是因地而异的因素，主要取决于所在的地质环境、所采取的地浸工艺和地下水修复工艺。正如怀俄明州地浸采铀工程 A 井场工业生产的地下水修复所指出的一样，地下水修复后需要一个较长的稳定期（5 年）和更长的稳定监测期（13 年）。但多数地浸的地下水修复稳定与稳定监测期为 1～3 年。

3.5.4 我国地浸矿山地下水修复

我国酸法地浸矿山生产开始于20世纪90年代，CO_2+O_2 地浸矿山生产开始于2009年。近年来，陆续有酸法地浸采区与 CO_2+O_2 地浸采区开始停止生产。我国地浸矿山地下水治理工艺研究，起步较晚，主要处于实验室研究阶段。

开展了天然水清洗恢复室内试验，对地浸后地下水环境进行了研究。结果表明：天然水清洗法消除污染物质并不是简单的稀释过程，而是复杂的水文地球化学和水动力学过程；清洗法对修复地下水中超标的 SO_4^{2-}、Fe 的效果较为明显，pH 修复速度缓慢。

开展了使用细菌处理地下水的实验室试验。使用SRB处理地浸采铀矿山地下水中的污染物U（Ⅵ）和 SO_4^{2-} 的室内试验，U（VI）的去除率可达94.5%，硫酸根去除率为75.3%，地下水的pH可达到近中性。

在新疆737厂的1号采区，使用电渗析法进行了脱盐的现场试验。运行结果显示：对地下水的修复起到了一定的过滤降解作用。污染地下水TDS在8～12 g/L时，*TDS* <1 g/L的淡水产率为60%～69%，各元素的膜滤脱除率达到80%，其中 NO_3^- 和 NH_4^+ 的脱除率分别达到98.6%和86.6%。

云南381矿床地浸采铀科研试验基地于1982年开始地浸采铀试验，于1984年建成我国第一个地浸采铀试验场，目前已经进入退役治理阶段。云南地浸采铀科研试验基地退役治理工程于2016年启动，其中地下水修复周期为6年。

地下水修复采用：污染地下水抽出→地表治理→清洁水注入→修复后观察的整体工艺。地表处理方法拟综合采用离子交换法、反渗透法和石灰中和法。离子交换法用来回收采场地下水中的残余的天然铀，石灰中和法用来处理第一阶段的高污染地下水和反渗透后的浓缩液。经过约1年的地下水抽出作业，381矿床地下水中铀等放射性核素已经显著降低。

4 展望与建议

地浸采铀是中国天然铀生产的主要工艺，也是近期（到 2020 年）和中期（到 2030 年）的重要发展方向。通过对标国际、国内类似矿山，地浸采铀技术下一步的发展方向，应该是如下四个方面[6]：

（1）地浸采铀矿山的数字化、智能化。通过实时检测，通过系统程序，优化调整工艺参数，并将数据远程传输到管理层、决策层。通过自动化、数字化，提高劳动生产率，使经济指标接近国际先进水平，技术指标达到国际领先水平。

（2）深部铀资源的开采。目前我们开发的是 500 m 以浅的铀矿第一空间，下一步需要开发 500～1 500 m 的第二空间。

（3）针对资源量不多、分散、或者大型铀矿周边的孤立小点，通过模块化、标准化，研制可移动的地浸采铀装置，充分回收利用上述分散、孤立的铀资源。

（4）地浸采铀地下水的修复。作为一种采矿工艺，地浸在一定程度上会造成地下水的污染。把地下水修复到环境可接受的水平，目前已经开展了大量研究工作，在实验室取得了很多成果，但是还需要通过工程验证实现工业应用。

为了进一步提升我国的地浸采铀能力与技术水平，实现地浸采铀资源利用集约化、采冶技术科学化、生产管理数字化、设施本质安全化、环境生态和谐化，建议加强如下几个方面的工作，为铀矿大基地规模化、集约化与绿色化开采提供技术支持。

（1）建立高效智能地浸采铀国家重点实验室

建立国家重点实验室的目标主要包括：创新砂岩铀矿成矿和开采理论，突破地浸开采超深、复杂砂岩铀矿以及其他矿产资源的关键和共性技术；形成具有国际领先水平的开放性试验平台；培养一批领军和带头人才，引领铀矿冶行业技术进步；保障我国核军工和核电快速发展对天然铀的重大长远需求，同时为海外铀资源的开发利用提供强有力的技术支撑。

主要研究方向为：高效安全钻进和成井，多场耦合条件下溶液渗流模拟与控制，高效复合浸出工艺，地浸采铀模块化，智能化，地下水修复和环境保护。

研究内容主要为：多种物理场耦合的提铀理论和方法，开放—流动体系下铀矿物与溶液反应的化学动力学模型，地浸采铀工艺钻孔高效成井技术研究，超深砂岩铀矿床的地浸开采技术研究，高效复合浸出剂配方和使用，不可地浸砂岩型铀矿钻孔水力开采技术研究，模块化铀回收系统，地浸采铀地下水修复技术研究，放射性废物深井处置技术研究。

（2）地浸采铀工艺钻孔高效成井技术

通过钻孔施工与成井工艺的研究、专用设备与材料的设计和研发，解决地浸钻孔施工成本高，成井周期长，故障孔修复难的技术问题，形成完整的高效成井工艺，进一步提升地浸采铀的经济性和技术水平。

研制随钻测斜钻具以及地面监测系统，通过钻井液的液柱压力脉冲，传递井下探测仪器测量的井斜，方位等信息，依据数学模型计算井斜角和方位角，随时监测地浸钻孔的偏斜数据并指导纠斜。研究设计可用于二次成井的内置过滤器，以及内置过滤器提升与下放到套管内目标位置的提放装置。

（3）可移动模块化的地浸模式与关键设备

我国已探明的铀矿床以中小型居多，部分砂岩型铀矿床规模小，且分布分散，目前的地浸工艺难以直接应用。研究处理散、小矿床的地浸工艺构成，以及子系统的相互关系，形成模块化提铀的工艺规范和要求，研究具有灵活、可靠、集成、精简的移动式模块化装置的系统构成、影响因素，接口方式，提出移动式模块化地浸设备的配置方案。

（4）地浸采铀地下水修复技术研究

地浸采铀采场终产后，不再像生产期间通过各种技术措施与管理措施加以控制。残留的浸出液与被污染的地下水，将随时间的推移向周围地下水迁移，使采场地下水残余组分的分布范围扩大，增加地下水治理难度和治理费用。所以，地下水的修复是地浸采场终产后必须解决的环境问题。

开展地浸采铀地下水污染调查及长期影响评价研究，地下水地表处理优化及强化自然净化技术研究，地下水原位修复和抽出—处理综合研究、地下水修复动态及效果研究，地下水修复工艺优化研究，最终确定酸法和中性浸出矿山退役采场地下水修复工艺，为地浸矿山退役后地下水修复奠定技术基础。

（5）地浸采铀废水深井处置

随着我国地浸采铀的规模不断扩大，产生的废水也越来越多，若继续采用传统的蒸发池蒸发处理，将造成大规模占地和景观破坏，并产生大量的放射性废渣。当前，深井灌注技术作为一种废水最终处置技术，在美国和欧盟国家已得到广泛应用，该方法可以避免污染物进入生物圈循环系统，减轻环境压力，彻底解决放射性废水的处置问题。因此，开展地浸采铀废水深井灌注技术，拥有非常现实意义的。主要开展地质选址、深井施工、深井处置模拟研究、深井处置试验研究、环境影响与安全分析以及监控技术研究。突破深井施工与成井技术，深井处置实时监控等关键技术，优化深井处置工艺与参数，为深井处置的工程化和实际利用提供技术支撑。

参考文献

[1] 王海峰，阙为民，钟平汝，等．原地浸出采铀技术与实践［M］．北京：原子能出版社．1 998：3-5.

[2] 赵凤民．中亚铀矿地质［M］．北京：核工业北京地质研究院．2013：12-25.

[3] WOODS. P. H.，Sustainability aspects of the Beverley Uranium Mines，AusIMM Bull. 2013：30-36.

[4] URANIUM ONE，Honeymoon Project placed on Care and Maintenance，2013.

[5] MUZAK，J.，Uranium mining and remediation of the Straz deposit，2008.

[6] 李建华．中国地浸技术的创新突破［J］．中国核工业，2016，(11)：19-20.

海外铀资源开发进展与展望

执笔人：李胜祥　邓　平　陈跃辉　张剑勇
审稿人：潘自强　张金带

目　　录

1　海外铀资源开发背景 …… 107
1.1　全球铀资源及供需情况 …… 107
1.2　我国掌控铀资源情况 …… 109
1.3　我国核电发展对天然铀需求预测 …… 110
1.4　我国企业“走出去”进行海外铀资源开发情况 …… 110
2　海外铀资源项目进展 …… 112
2.1　纳米比亚湖山铀矿项目 …… 112
2.2　哈萨克斯坦谢米兹拜伊项目和伊尔科利项目 …… 114
2.3　尼日尔阿泽里克项目 …… 116
2.4　纳米比亚 LH 项目 …… 118
2.5　纳米比亚欢乐谷项目 …… 120
2.6　津巴布韦卡年巴项目 …… 122
2.7　蒙古古尔万布拉克项目 …… 123
2.8　澳大利亚 Bigrlyi 项目 …… 124
2.9　加拿大白熊项目 …… 126
3　海外铀资源开发展望及建议 …… 128
3.1　海外铀资源开发前景展望 …… 128
3.2　建议 …… 130

1 海外铀资源开发背景

1.1 全球铀资源及供需情况

1.1.1 全球铀资源状况

据经济合作与发展组织（OECD）、核能机构（NEA）和国际原子能机构（IAEA）发布的《铀资源、生产与需求—2016》资料中表明（见表 1.1），截至 2015 年 1 月全球回收成本＜260 美元/kgU 的已查明资源约 764 万 t。世界探明铀资源的分布及其开发产量都极不均衡。全球共有 50 多个国家已有探明的铀资源，其中澳大利亚、哈萨克斯坦、加拿大、俄罗斯、美国、纳米比亚、南非、尼日尔、巴西、中国 10 个国家的铀资源量占了全球的 84.6%。

表 1.1　全球已查明铀资源量前 10 国家的可回收资源量及其所占份额[1]

序号	国家	＜130 美元/kgU（ktU）	所占份额/%	＜260 美元/kgU（ktU）	所占份额/%
1	澳大利亚	1 664.10	29.10	1 780.80	23.30
2	哈萨克斯坦	745.30	13.03	941.60	12.32
3	加拿大	509	8.90	703.60	9.21
4	俄罗斯	507.80	8.88	695.20	9.10
5	美国[2]	62.90	1.10	472.10	6.18
6	纳米比亚	267	4.67	463	6.06
7	南非	322.40	5.64	449.30	5.88
8	尼日尔	291.50	5.10	411.30	5.38
9	巴西	276.80	4.84	276.80	3.62
10	中国	272.50	4.77	272.50	3.57
以上国家小计		4 919.3	86.03	6 466.2	84.62
世界总计		5 718.4	100.00	7 641.6	100.00

注：（1）据 2016 年 IAEA《铀资源、生产与需求—2016》统计；

（2）由于美国 2016 年资源评价的数据仅采集到 75 个铀矿山和矿权的数据，而 2014 年之前的资源评价数据基于 200 多个铀矿山和矿权的数据，本次统计表对美国的＜260 美元/kgU 成本的铀资源数据继续采用 2014 版《铀资源、生产与需求—2016》数据，没有更新。

2016年，全球共有近20个国家生产天然铀，铀总产量为62 366 t。生产状况达到较高程度的集中和垄断，其中哈萨克斯坦的KazAtomProm、加拿大的Cameco、法国的Areva、俄罗斯的ARMZ - Uranium One、澳大利亚BHP Billiton、中国的中核集团和中广核集团、乌兹别克斯坦的Navoi、英国的Rio Tinto、澳大利亚的Paladin十大产铀企业产量占全球的份额达83%。

1.1.2 全球铀供需情况

（1）2000年以来全球供需情况

根据核能组织（NEA）和国际原子能机构（IAEA）历年发布的《铀资源、生产与需求》资料以及世界核能协会近几年发布的核燃料报告，1990年以后各年全球铀生产的量都小于全球核电发电的天然铀需求（见表1.2）。2000—2016年17年间的全球核电发电的天然铀需求为1 101 723 tU，而此期间的全球天然铀产量为805 049 tU，可以满足全球核电发电的73%天然铀需求，其不足部分主要来自商用储备、MOX燃料的再循环利用、尾料的再浓缩等。

表1.2 2000—2016年全球铀矿生产与核电铀需求

	2000年	2001年	2002年	2003年	2004年	2005年	2006年	2007年	2008年
铀生产/tU	35 755	37 000	36 050	35 492	40 178	41 179	39 670	41 282	43 764
核电装机容量/MW	350 369	352 433	355 972	359 433	369 145	372 840	369 515	370 233	372 264
铀需求/tU	64 014	64 329	66 815	68 435	67 320	66 840	66 500	69 110	59 065
铀生产对核电保障度/%	56	58	54	52	60	62	60	60	74
	2009年	2010年	2011年	2012年	2013年	2014年	2015年	2016年	总计
铀生产/tU	50 772	53 671	53 493	58 489	59 331	56 041	60 514	62 368	805 049
核电装机容量/MW	372 692	375 199	367 172	371 961	373 616	377 342	382 547	391 386	
铀需求/tU	61 730	63 875	65 180	61 600	60 715	65 908	66 883	63 404	1 101 723
铀生产对核电保障度/%	82	84	82	95	98	85	90	98	73

（2）2025—2030年全球供需预测

根据核能组织（NEA）和国际原子能机构（IAEA）2016年发布的《铀资源、生产与需求》资料以及世界核能协会2015年发布的核燃料报告，未来至2030年全球核电总体呈发展扩大趋势，铀资源的需求也呈逐步增加趋势（见表1.3）。表1.4是根据WNA的报告预测全球2017—2030年的天然铀供需总量情况。

表 1.3 未来全球铀矿生产与核电铀资源需求预测

	WNA 预测			I AEA 预测	
	2017 年	2025 年	2030 年	2025 年	2030 年
铀生产/tU	58 680	70 549	59 247	81 865	86 595
核电装机容量/MW	373 476	449 147	509 573	445 329	514 827
铀需求/tU	67 867	77 408	90 514	71 615	81 105

注：(1) WNA2015 年预测发布了高中低 3 个方案，本报告取其中方案；

(2) IAEA2016 年预测发布了高低 2 个方案，本报告取其平均值。

表 1.4 WNA 对 2030 年前全球铀矿生产与核电铀资源需求预测

	2017 年	2018 年	2019 年	2020 年	2021 年	2022 年	2023 年	2024 年
铀生产/tU	58 680	60 414	62 163	64 548	64 473	63 350	61 479	67 361
核电装机容量/MW	373 476	381 261	393 640	403 578	411 761	425 327	435 759	443 290
铀需求/tU	67 867	68 901	68 154	74 296	73 260	75 564	76 217	77 948
铀生产对核电保障度/%	86	88	91	87	88	84	81	86
	2025 年	2026 年	2027 年	2028 年	2029 年	2030 年	总计	
铀生产/tU	70 549	68 289	66 028	63 768	61 507	59 247	891 856	
核电装机容量/MW	449 147	451 345	458 059	471 451	484 194	509 573		
铀需求/tU	77 408	83 358	82 660	90 263	85 924	90 514	1 092 334	
铀生产对核电保障度/%	91	82	80	71	72	65	82	

从表 1.4 可以看出，2017—2030 年全球核电对天然铀的需求总量约 109 万 tU，而此期间的天然铀生产只有 89 万 tU，仅能满足核电需求的 82%。由此可见，加大海外铀资源开发对保障我国核电发展需求是十分重要的。

1.2 我国掌控铀资源情况

我国国内铀资源勘查和开发经过 60 年的发展，已建立起一套完整的铀矿勘查开发体系。根据 NEA 和 IAEA 在 2016 年发布的《铀资源、生产与需求》，目前我国国内已查明原地铀资源 36.6 万 t（其中回收成本＜130 美元/kgU 的可回收资源为 27.3 万 t），形成天然铀产能 1 600 tU/a，并将扩产到 2 000 tU/a 以上。

海外铀资源开发方面，经过近 10 年的工作，取得了一定成绩和发展基础，已先后在海外控制铀资源约 48 万 t，其中权益铀资源量约 34 万 t，初步建成权益产能约 6 600 t，为我国企业走出去进行铀资源开发积累了丰富的经验。

1.3 我国核电发展对天然铀需求预测

截至 2016 年年底，我国（大陆地区）在运核电机组已有 35 台，总装机容量 3 327 万 kW，世界排名第四；在建核电机组 21 台，总装机容量 2 421 万 kW，世界排名第一。根据我国最新通过的《核电中长期发展规划（2011—2020 年）》，到 2020 年，我国核电装机容量将达到 5 800 万 kW，在建核电装机容量 3 000 万 kW。据此规模推算，2020 年当年我国需供应天然铀 11 500 t，2015 至 2020 年累计天然铀需求量为 5.33 万 t；以采冶综合回收率 70%进行计算，2020 年当年消耗铀资源 1.64 万 t，2015—2020 年将累计消耗铀资源 7.61 万 t。

2020 年之后随着我国核电建设规模的进一步扩大，对铀资源的需求将进一步加大。据业内专家预测，到 2030 年，我国核电装机容量将达到 1.18 亿～1.58 亿 kW；当年我国天然铀需求达 22 000～29 900 t。我国核电快速发展对天然铀需求的急剧增加，需要我国在立足国内的基础上，充分利用国外资源来保障天然铀供应。

现有的国内外天然铀生产量将逐步小于核电发展的天然铀需求量，且差距逐步扩大，国际天然铀贸易压力也将不断增加，因此，需要扩大国内铀生产和加快海外铀资源开发的力度。

1.4 我国企业“走出去”进行海外铀资源开发情况

为更好地利用国内国外“两个市场、两种资源”，积极参与区域经济合作和全球多边贸易体系，在核电发展快速推进的现实背景条件下，为加强铀资源供给保障，中核集团和中广核集团在 2006 年下半年各自成立了相应的专业公司（中国国核铀业有限公司和中广核铀业发展有限公司）。走出去十多年来，中核集团和中广核集团的海外铀资源开发工作取得了一系列突破性进展，特别是在非洲、亚洲、北美和澳洲几个主要产铀地区都取得了突破，获得了一批采矿权和探矿权，掌控了一定的铀资源量，形成了一定的生产能力。目前，已发展海外铀生产项目 5 个、开发前期阶段项目 1 个以及勘探项目若干；掌控海外铀资源约 48 万 t，其中中方权益资源量约 34 万 t；控制或参与开发的生产项目产能超过 1 万 t/a，其中中方权益产能约 6 600 t/a。

中国国核海外铀业有限公司和中广核铀业发展有限公司在海外开发的铀资源项目如表 1.5 所示。

表 1.5　中核、中广核海外主要铀资源勘查开发项目一览表

项目	国家	运营者	资源/储量/tU	品位/%	矿床类型	工作阶段	产能/（tU/a）	中方股权/包销权益	中方权益/%	中方权益资源/储量/tU	中方权益产能/（tU/a）
纳米比亚湖山铀矿项目	纳米比亚	斯科公司	248 379	0.05	白岗岩	在产	5 500	中广核控股 90%/100%	90	223 541	4 950
哈萨克斯坦伊尔科利项目	哈萨克斯坦	谢米兹拜伊公司	29 541	0.04	砂岩	在产	750	中广核参股 49%/49%	49	14 475	367.5
哈萨克斯坦谢米兹拜伊项目	哈萨克斯坦	谢米兹拜伊公司	17 416	0.06	砂岩	在产	680	中广核参股 49%/49%	49	8 534	333.2
澳大利亚 Bigrlyi 项目	澳大利亚	EME 公司	11 361	0.13	砂岩	详查		中广核控股 35.41%	35.41	4 023	
加拿大白熊项目	加拿大	FISSION	41 552	1.49	不整合面型	详查		中广核相对控股 19.99%/35%	19.99	8 306	
蒙古古尔万布拉克项目	蒙古	中核	13 328	0.15	火山岩型	待建	600	中核控股 100%/100%	100	13 328	600
纳米比亚欢乐谷项目	纳米比亚	中核	40 800	0.02	白岗岩型	详查		中核控股 100%/100%	100	40 800	
纳米比亚 Langer Hereinch 项目	纳米比亚	PALADIN	63 500	0.05	钙结岩型	在产	2 000	中核参股 25%/25%	25	15 875	500
津巴布韦卡年巴项目	津巴布韦	中核	3 000	0.60	砂岩型	勘探		中核控股 70%/100%	70	2 100	
尼日尔阿泽里克项目	尼日尔	中核	13 692	0.14	砂岩型	暂停生产	700	中核控股 62%/100%	62	8 489	434
合计			482 569				10 230			339 372	7 185

2 海外铀资源项目进展

2.1 纳米比亚湖山铀矿项目

湖山项目原由澳大利亚 Extract 公司所拥有。2012 年 5 月，中广核铀业发展有限公司联合中非发展基金有限公司，对湖山项目及其母公司进行了收购，收购总资金 24.1 亿美元。加上矿建期投资（约 22 亿美元)，该项目为中国企业迄今在非洲最大的矿业投资项目。

该项目由中广核铀业斯科有限公司运营，公司 2012 年成立，中广核集团、中非基金、纳米比亚国家矿业公司在公司的股份分别为 54%：36%：10%。其中中方权益达 90%。

该项目位于纳米比亚西部（见图 2.1)，距 Swakopmund 约 60 km，鲸湾港约 100 km。项目交通十分便利。项目有 EPL3 138（罗辛南）和 EPL3 439 两个区块，总面积约 800 km^2，包括 1～5 号及 Middle Dome、Salem、Ida Dome 等 8 个矿带。

澳大利亚勘探公司 Extract 公司于 2006 年获得了区块的探矿权（100%拥有)。2007—2008 年取得重大找矿发现，随后确定了 Husab 地区 1 号和 2 号带的成矿远景，随后的三年间将工作重心转移至 Husab 地区并集中投入了大量勘探工作（约 45 万 m)。2010 年，Extract 公司完成项目最终可行性研究报告。

根据项目可研报告，项目资源总量为 24.83 万 tU，平均品位 0.042%U，资源规模位居全球第三，属于超大型铀矿项目。项目设计矿石露天开采，矿石生产能力 1 500 万 t/a；水冶采用常规搅拌浸出—淋萃流程—黄饼沉淀—煅烧生产 U_3O_8 产品，年生产能力 5 500 tU/a。设计矿山寿命 21 年，总产量约 13.4 万 tU，生产成本 28＄/1b U_3O_8。

2012 年，中广核收购项目后，于 2013 年全面开始矿山建设。至 2016 年，项目露天矿山、硫酸厂、水冶厂等设施先后建成（见图 2.2 至图 2.4)，并相继投入试生产。

2017 年项目试生产约 1 000 tU，并步入产能提升阶段。

湖山项目后续将继续进行项目周边远景区带的勘探工作，总资源/储量目标为 40 万吨，将使矿山全寿期延长至 30 年以上。

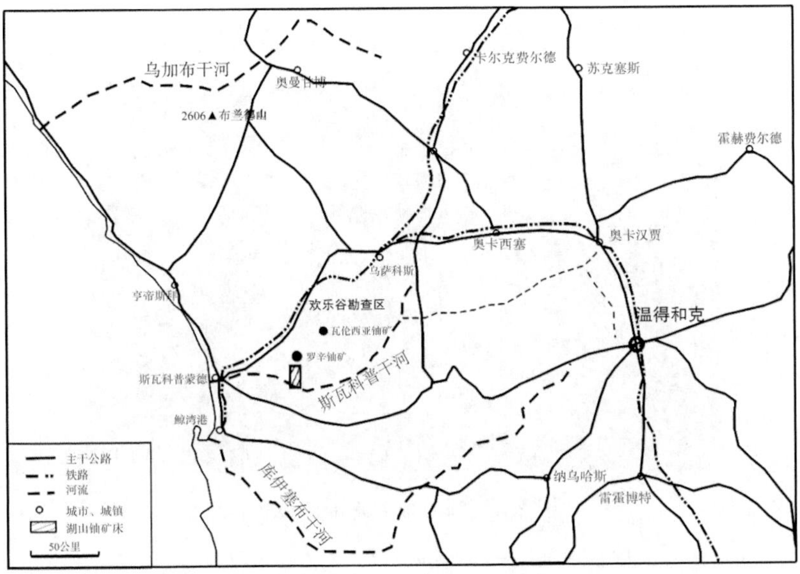

图 2.1　湖山项目矿权区范围及铀矿带分布图

图 2.2　湖山铀矿水冶厂全貌

图 2.3　湖山铀矿 2 号矿坑

图 2.4 湖山铀矿水冶厂晨曦

2.2 哈萨克斯坦谢米兹拜伊项目和伊尔科利项目

2008 年，中广核铀业发展有限公司与哈萨克斯坦国家原子能工业公司合资组建谢米兹拜伊铀有限责任合伙企业公司，合资公司中中广核铀业发展有限公司与哈萨克斯坦国家原子能工业公司的股比为 49%：51%。合资公司负责谢米兹拜伊铀矿和伊尔科利铀矿两个项目的运营。

2.2.1 伊尔科利铀矿

伊尔科利矿床位于哈萨克斯坦克南部克孜勒奥尔达州奇伊利镇西南约 20 km 处（见图 2.5）。奇伊利镇交通方便，除有一条高等级公路外，还有一座大型火车站，可通往哈萨克斯坦各大城镇。在奇伊利镇西北边约 120 km 的阿舒尔拉达市每天有固定多次航班往返于与阿拉木图之间。

1971 年普查过程中，苏联在矿区确定了铀矿化现象。因当时发现被认为更具前景的北卡拉穆伦矿床，伊尔科利矿床地质勘查工作暂停，1975—1977 年恢复。

伊尔科利铀矿床的详细勘探工作由苏联第 27 地质大队于 1975—1985 年完成。1986 年 1 月，红色丘陵地质局第 23 地质大队完成了矿床勘探报告和储量计算报告编写。

伊尔科利矿床铀资源量为 29 541 tU，平均品位 0.04%。

1982—1985 年间对该矿床开展了硫酸法地浸试验，得出该矿床的地浸工艺条件与工业开发的北卡拉穆伦矿床接近。

项目于 2005 年开始建设，2007 年建成投产（见图 2.6），设计生产能力 750 tU，生产寿期 24 年，项目已于 2011 年达产，之后生产连续稳定。

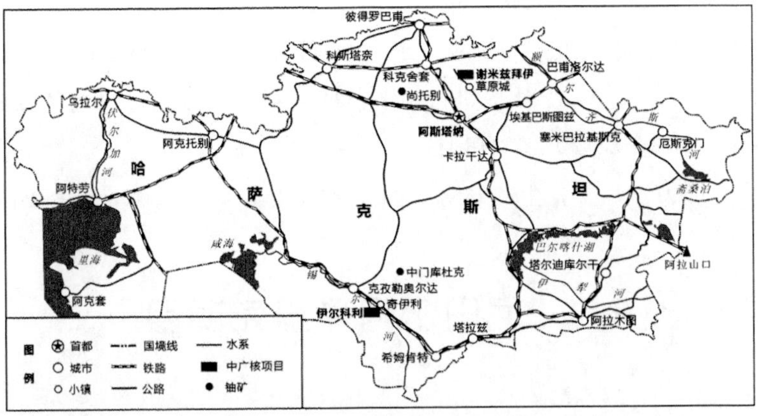

图 2.5　谢米兹拜伊铀矿和伊尔科利铀矿项目位置图

图 2.6　伊尔科利铀矿地浸现场

2.2.2　谢米兹拜伊铀矿

谢米兹拜伊铀矿位于哈萨克斯坦北部阿克莫林州瓦里哈洛夫区草原城东北 110 km 处，平原地形。该区是北哈萨克斯坦经济最为发达的地区，草原城是最近的工业中心，也是最大的居民点和铁路站，有道路与扎奥泽尔（120 km）、别斯丘别（50 km）和克孜尔图铁路站相通。

谢米兹拜伊矿床发现于 1973 年 8 月。1974—1978 年，完成了矿床的初步勘探，并在勘探工作基础上完成了铀矿储量估算。

1975 年，在 No.1 地段进行了浸出现场试验。因工作准备不足，试验未能进行到底，1976 年 12 月中止试验工作。但使用地浸法浸出的可行性得以证明，同时实验室研究的基本结果也得到了证实。1976 年，根据初步勘探工作结果编制了技术经济报告。

1982 年对 3 号矿体进行了地质勘探工作和地浸现场试验的场地选择。1984 年开始了 No. 2 单元的准备工作、施工安装及试验工作。1985 年 3 月，开始 No. 1 号单元的准备工作。1986 年做出了 No. 1、No. 2 块段进行工业试验的决定，以获取可靠的原始数据。

谢米兹拜伊矿床铀资源量为 17 416 tU，平均品位 0.06%。项目 2007 年开始建设，2008 年投产，设计生产能力 680 tU，生产寿期 25 年，2016 年产约 500 tU，计划 2018 年达产。

2.3 尼日尔阿泽里克项目

尼日尔阿泽里克铀矿项目是我国第一个“走出去”的铀矿开发项目。该项目由尼日尔阿泽里克矿业股份有限公司（以下简称“阿矿公司”或“SOMINA 公司”）负责运营。阿矿公司共有四家股东：国核铀持股 37.2%，中兴金源持股 24.8%，中方两家股东合计持股 62%；尼日尔政府持股 33%；千辉公司持股 5%。

项目位于尼日尔 Agadez 省 Tchirozérine 地区的 Azelik 村附近；项目距 Agadez 市西北 163 km（见图 2.7），距首都尼亚美约 1 000 km，距最近的港口贝宁科托努港 1 900 km 面积；项目约 220 km^2。

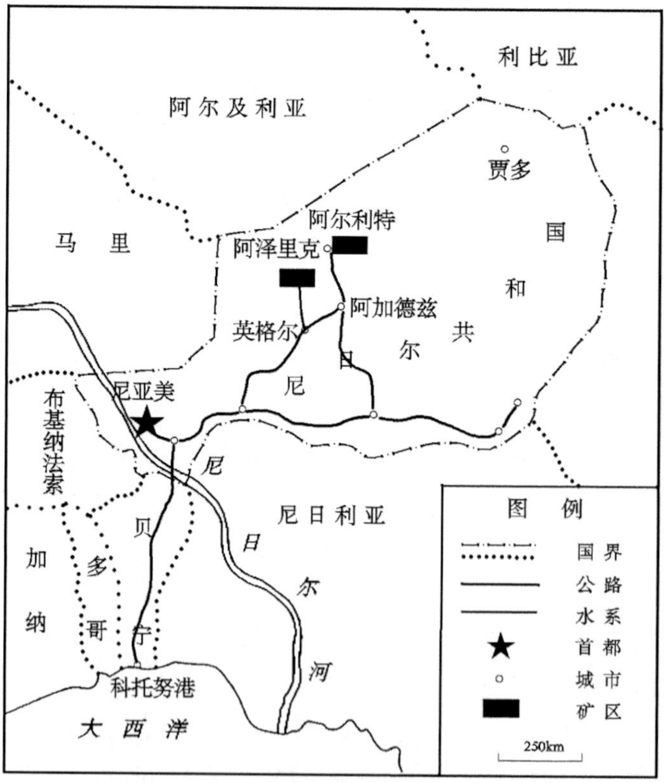

图 2.7 尼日尔阿泽里克铀矿项目地理位置图

阿泽里克矿区位于尼日尔阿加德兹盆地，从北到南 13 km 的范围内分布有 IR 矿床、T 矿床、G 矿床三个铀矿床。其中 IR 矿床距 T 矿床 7.5 km，T 矿床距 G 矿床 2.5 km，如图 2.8 所示。

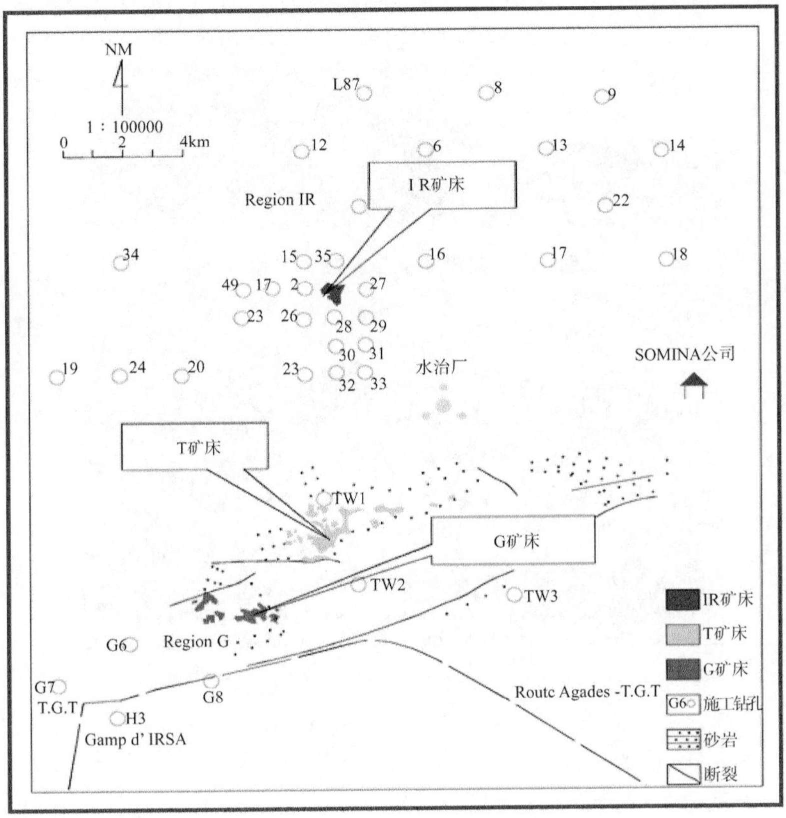

图 2.8 阿泽里克矿区 T、G、IR 矿床位置图

阿泽里克铀矿是尼日尔最早发现的铀矿床。1959 年发现了铀矿化重要线索。1974 年日本 PNC 公司在该区主持勘查工作，确定了矿床的工业价值，并于 1979 年和 1988 年期间对阿泽里克矿床进行了初步可行性研究。2002 年日本公司向尼日尔 ONAREM 公司转让了矿权。

2006 年中核集团与中兴金源获得了该项目后，2007 年 6 月在尼日尔尼亚美注册成立项目公司，同年开始了工程地质勘查、水文地质勘查补充工作，并启动项目的初步设计工作。2008 年完成了项目的初步设计。

根据项目设计，该项目有铀资源量 13 692 tU，平均品位 0.14%。项目设计年开采处理铀矿石约 60 万 t，年产金属铀约 700 t，运行寿命 20 年。

2010 年完成露天矿、电厂、水冶厂、生产辅助设施、生活设施的建设（见图 2.9、图 2.10）并开始投料试车，露天矿和水冶厂形成了完整的生产体系。

图 2.9 阿泽里克铀矿项目发电厂

图 2.10 阿泽里克铀矿项目水冶厂

阿矿通过调试与试生产，水冶工艺流程基本顺畅；矿石浸出率达到 91.5%，回收率达到 85%，固液分离线产能已达到设计能力的 70%，综合工艺技术参数指标接近或达到设计指标。

受尼日尔政府局势紧张、2011 年日本福岛核电事故影响导致铀价一路大幅下跌等问题影响，项目经济性低于预期水平，2015 年开始运营十分困难。在种种情况下，该项目进一步压缩人员编制，目前项目处于暂停维护状态。

2.4 纳米比亚 LH 项目

纳米比亚 LH（Langer Heinrich）项目是帕拉丁公司拥有的旗舰项目，是世界第 9 大铀矿，在低成本铀矿中排名世界第 19 名。2014 年中核集团出资 1.9 亿美元，收购帕拉丁公司 LH 控股公司 25%的股权和 LH 项目公司 25%的债权。目前，该项目帕拉丁公司占 75%股份，中国铀业公司全资控股的中核海外公司占 25%股份。

LH 项目位于纳米比亚西部地区，距鲸湾港 80 km（见图 2.11）。项目区块面积约 50 km^2。

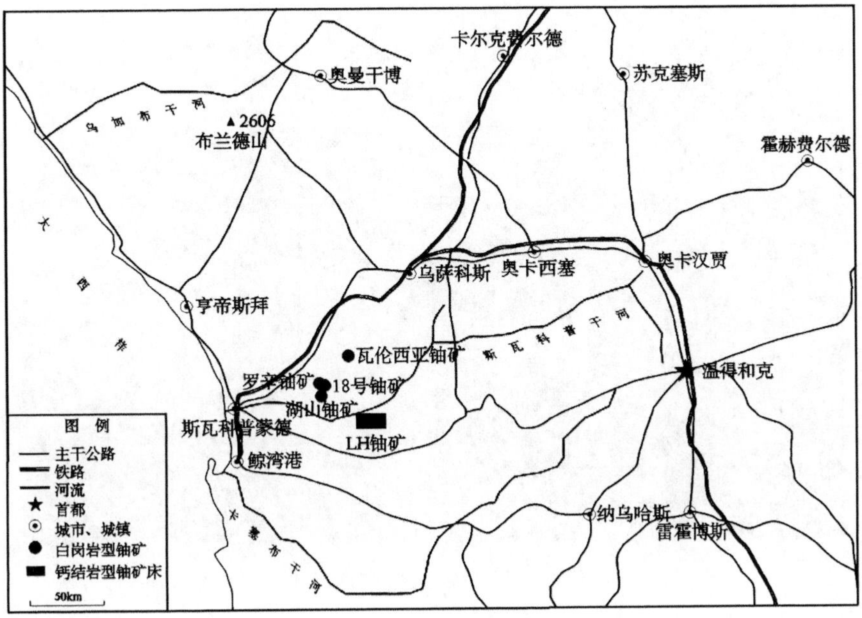

图 2.11　LH 项目位置图

LH 项目公司于 1973 年 2 月 13 日成立。项目公司 1973 年发现 Langer Heinrich 铀矿，此后曾被 3 家公司收购并继续进行铀矿勘查，截至 2010 年年底，该项目区块共施工 9 366 个钻孔，约 18.8 万 m。

帕拉丁公司于 2002 年 8 月从 Acclaim 手中收购了 LH 项目公司 100%的股权，并于 2005 年 7 月 26 日获得 LH 矿采矿证（ML140），有效期至 2030 年 8 月 25 日。

2010—2016 年，帕拉丁公司又进行了大量的补充勘探和生产探矿工作，累计完成了 29 954 个孔共计 1 044 922 m 钻探工程量。

在对 LH 项目进行勘探的同时，帕拉丁公司于 2005 年开始对该项目进行开发建设。

2007 年 3 月，一期工程建成投产，2008 年 7 月达产。

2009 年 9 月，二期工程建成投产，2010 年 3 月达产。

2011 年 10 月，三期工程建成投产，2012 年 6 月达产。

根据并购前帕拉丁发布的项目铀资源量估算结果，截至 2013 年 6 月 30 日，LH 项目保有资源量 53 352 tU，平均品位 0.047%；其中，保有储量 37 913 tU，平均品位 0.047%。此外，地表还有采出后堆存的矿量 10 118 tU。通过项目三期建设，LH 项目建成产能 2 000 tU/a，项目计划生产到 2030 年。

经过 2 次扩建后（见图 2.12），该项目生产能力连年提高，运营各项指标基本达到或超过设计指标。其中，2012 年度矿山创下年采剥总量达 3 000 万 t 的记录，水冶厂也于 2014 年度达到生产 2 152 tU 的记录，超过设计能力（2 000 tU/a）6%。

图 2.12　纳米比亚 L H 铀矿

2014 年 7 月，中核集团通过中核海外收购 LH 控股公司 25%股权及 LH 项目公司 25%的股东贷款债权，此后，LH 项目运行平稳，中方权益产品按期运回。

2.5　纳米比亚欢乐谷项目

2008 年 2 月，中国国核海外铀业有限公司在纳米比亚与中资纳中公司成立注册合资公司—中核资源（纳米比亚）开发公司，其中中国国核海外铀业有限公司占 58%，纳中公司占 42%。合资公司当时拥有欢乐谷和槟榔湖两个勘探项目，总面积大约 1 800 km^2。

项目区位于纳米比亚中西部（见图 2.13），距湾港 110 km，交通比较便利。

项目区块地处世界著名的达马拉铀成矿带，具有良好的找铀前景。矿区西侧紧接力拓公司的罗辛铀矿（见图 2.14）；南紧邻中广核的湖山铀矿；南西方向有艾探戈铀矿床；北东部有瓦伦西亚铀矿床；东南有 LH 铀矿床，西北有特雷科皮矿床。

项目公司自 2008 年启动勘查工作以来，投入了 6 万多米的钻探工作，开展了大量的地质、物化探工作，完成了区域评价，发现了 9 片重要的白岗岩型铀矿化异常，5 片钙结岩型铀矿化异常，对多个异常相继开展了钻探查证，部分地段进行了预查、普查，最后发现了 18 号特大型白岗岩型铀矿床，按照澳大利亚 JORC 标准计算获得了 40 800 tU 资源。该矿床沿矿体走向和倾向以及矿床深部尚有较大的资源量扩大潜力。

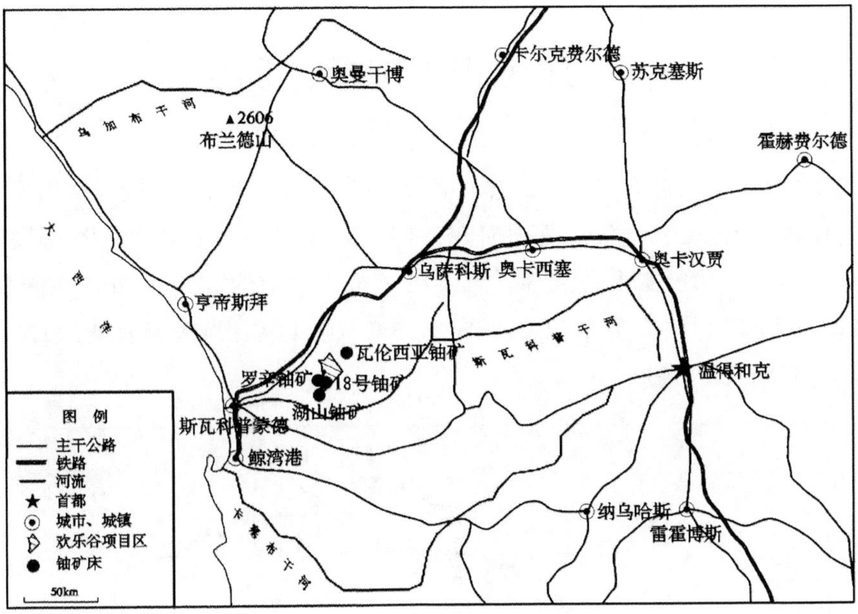

图 2.13　纳米比亚项目地理位置图

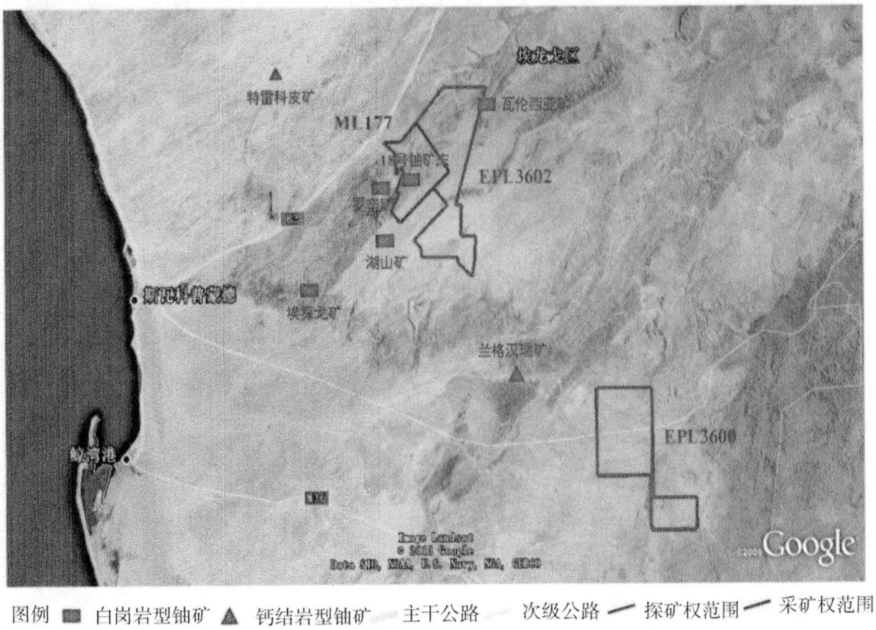

图 2.14　欢乐谷项目位置图

项目尚处于勘探阶段，根据 2012 年做的项目初步技术经济评价，计划首采段建设规模 700 tU/a；矿山预期寿期 19 年。

由于国际铀价低迷，2013 年起该项目的勘探投入大幅减少，项目被推迟开发。

2.6 津巴布韦卡年巴项目

该项目由非中矿业资源有限公司运营，项目公司于2008年成立，股权结构为：中国国核海外铀业有限公司占42%，新安投资有限公司占28%，津巴布韦矿业开发公司占30%。

卡年巴地区位于津巴布韦东北部，卡年巴镇边境站南约37 km处，在赞比亚、莫桑比克及津巴布韦三国的交界部位（见图2.15）。项目中心地理坐标为：E30°23′30″，S15°58′30″，区块面积3 450 km^2。

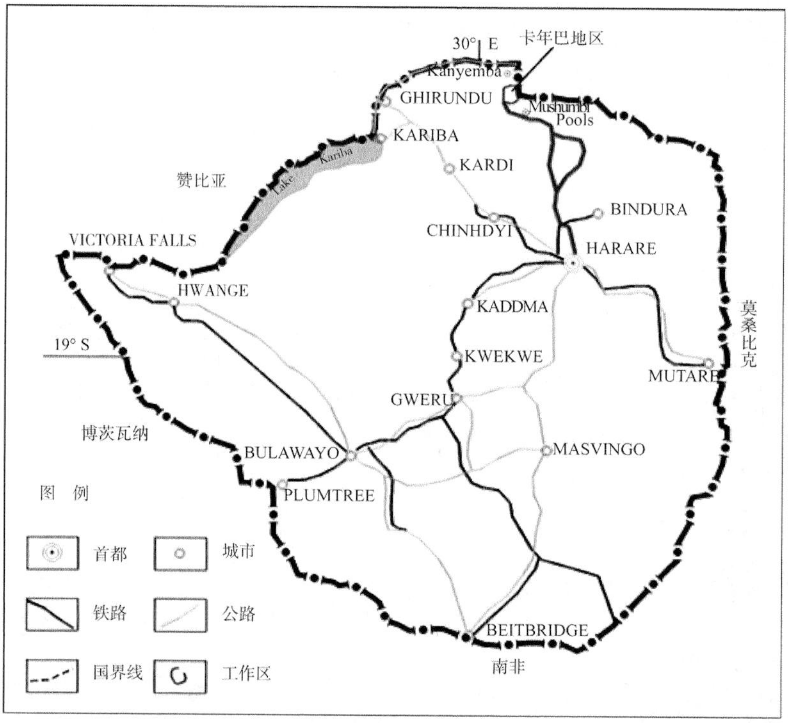

图2.15 津巴布韦卡年巴项目地理位置图

卡年巴地区在大地构造位置上位于Cabora Bassa Karroo盆地。

勘查区有两种矿化类型：卡年巴-1铀矿床属沉积后生改造砂岩型铀矿，但矿石固结程度高；卡年巴-2铀矿床属产于疏松砂岩中的地浸砂岩型铀矿。

20世纪80年代起，德国INTERURAN公司在卡年巴地区开展了航空能谱测量、航磁测量、放射性异常查证、踏勘、普查及勘探工作，1984—1992年间施工了474个钻孔，共计54 285 m，其中卡年巴-1地质勘查和概略调查391个钻孔，总计44 443 m。

但是，德国Interuran公司所做工作的大部分原始资料都被其带回国内，津巴布韦地质调查局档案馆仅保存有少量的综合性报告；航空测量原始数据及解译图件、原始化学分析测试报告、槽探编录、钻孔编录、综合柱状、勘探线剖面图等重要基础图件缺失。

2010 年 11 月，津巴布韦矿业开发公司正式开始该地区的铀矿地质勘查工作。通过 4 年的勘查，基本验证了卡年巴-1 铀钒矿床的资源的可靠性，在外围卡年巴-2 地区新发现了产于疏松砂岩中的地浸砂岩型铀矿，扩大了项目铀资源量，并在老地层出露区发现了具有较好远景的金矿化。

根据前期勘查结果，卡年巴-1 铀矿床的资源量 2 544 tU，平均品位为 0.6%；钒资源量 6 700 t，平均品位约 1.25%；卡年巴-2 铀矿床的资源量 1 474 tU，平均品位 0.03%，平米铀量平均值为 4.27 kg/m^2。

由于国际市场环境低迷，自 2014 年 5 月开始，该项目的勘探工作暂停，项目处于矿权维护阶段。

2.7 蒙古古尔万布拉克项目

2009 年，中核集团通过中核国际，在加拿大多伦多证交所收购西部勘探者公司，从而控制了包括蒙古国古尔万布拉克铀矿项目在内的 18 个矿权。

项目区位于蒙古国东部与中国、俄罗斯边界接壤部位（见图 2.16）。行政区隶属于蒙古国东方省巴彦东县—斯日古楞县和达西巴勒巴尔县所管辖。项目区距离蒙古首都乌兰巴托直线距离约 540 km，向北约 100 km 到达蒙古国-俄罗斯边界，向东 100 km 到达蒙古国—中国边界，区内交通较为便利。

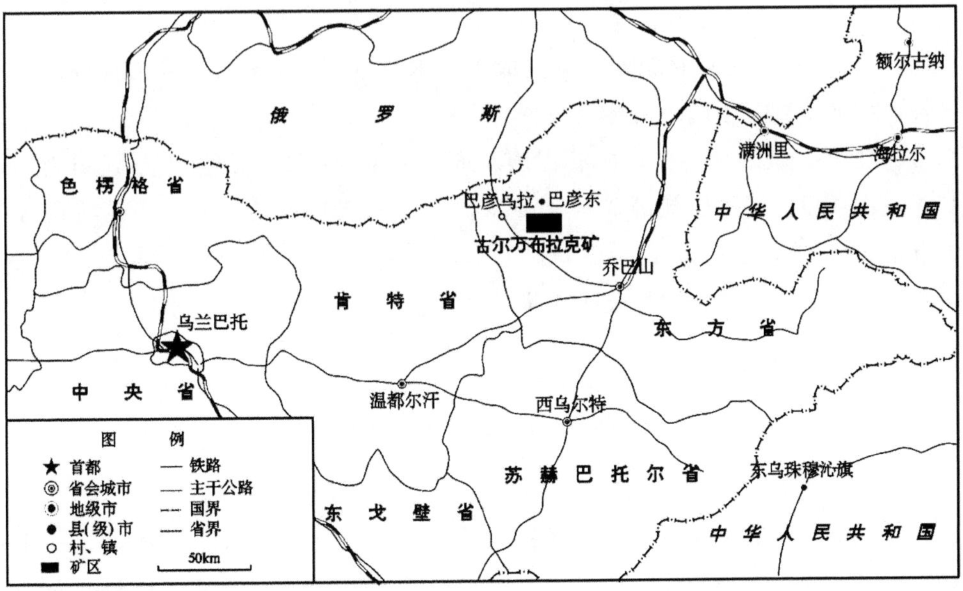

图 2.16　蒙古 Gurvanbulag 项目位置示意图

项目区位于中央蒙古褶皱系东北端的北乔巴山铀成矿区中的多尔诺特火山构造盆地内。

该项目 Gurvanbulag 铀矿床是前苏联发现并完成勘探的。1974—1987 年间共完成钻探工作量 654 400 m，其中在主矿段共施工了约 800 个地表钻和 700 个坑内钻、1 条竖井、2 条风井，在 800 m、860 m 和 920 m 中段共施工了约 15 000 m 坑道工程。

1990 年年初苏联解体，Gurvanbulag 铀矿床移交给蒙方，矿井被淹，地表有关的设施被拆除，竖井用混凝土封闭。

2004—2005 年，加拿大西部勘探者有限公司获得包括 Gurvanbulag 铀矿在内的 11 个铀矿勘探许可证，并在 2004—2008 年间对古尔万布拉克铀矿床进行了储量验证的勘探工作，同时对其他勘探区块进行了勘查工作。验证勘探包括钻孔 215 个，钻探进尺 68 625 m，以及井下坑道垂直向上钻探 7 814 m。

2009 年 7 月，中核国际收购了加拿大西部勘探者有限公司。收购后，在前苏联勘探数据的基础上，结合验证勘探取得的数据，按照蒙古国《矿产勘探结果报告内容及其要求》和《矿产储量、资源分类暂行条例》，重新计算了主矿段 1 号和 2 号矿体的资源/储量。2011 年 5 月 30 日，该项目资源储量报告通过了蒙古矿产委员会的审核。

2014 年 6 月 25 日，中核国际下属蒙古项目公司提交的《蒙古国东方省古尔万布拉克铀矿床开采水冶经济技术可行性研究报告》获得蒙古国矿产部、核能署和地矿局等政府管理部门联合组成的矿产资源评审专家委员会评审通过。根据项目可行性研究报告，该项目有探明及控制级铀资源量 8 580 tU（平均品位 0.18%），推断级铀资源量 4 478 tU（平均品位 0.11%）。项目计划建设产能 600 tU/a，矿山寿期 13 年；项目前 10 年生产约 6 000 tU。

2014 年 12 月，蒙古项目公司编制完成了古尔万布拉克矿床铀矿采冶详细环境影响评价报告，并提交到蒙古国环境绿色发展部。

2011 年 9 月，蒙古项目公司向蒙古国政府有关部门提交了开采证申请材料。2016 年年底，蒙古项目公司按照新的矿产法要求更新了采矿证申请材料，但蒙古国政府一直未予审批。

该项目目前处于开采证审批及矿权维护阶段。

2.8 澳大利亚 Bigrlyi 项目

该项目由中广核铀业发展有限公司控股的澳大利亚能源金属有限公司（EME）负责运营。EME 为澳大利亚上市公司。2009 年 12 月，中广核铀业发展有限公司通过下属香港平台公司（中国铀业有限公司）在资本市场收购 60.56%的股权，成为 EME 公司的第一大股东，2013 年配股增发后持股比例上升为 66.45%。中广核集团通过 EME 公司获得 Bigrlyi 铀矿项目 35.41%的股权，同时通过 EME 公司获得其他 7 个初级勘探项目的相关权益（EME 控股 100%）。

Bigrlyi 项目位于澳大利亚北领地 Alice Springs 市西北约 345 km 处（见图 2.17），中心位置地理坐标为东经 131°02′，南纬 22°13′，区块总面积约 4 000 km^2。矿区北部有 Stuart Highway 公路通过，西部有 Tanami Road 公路通过。

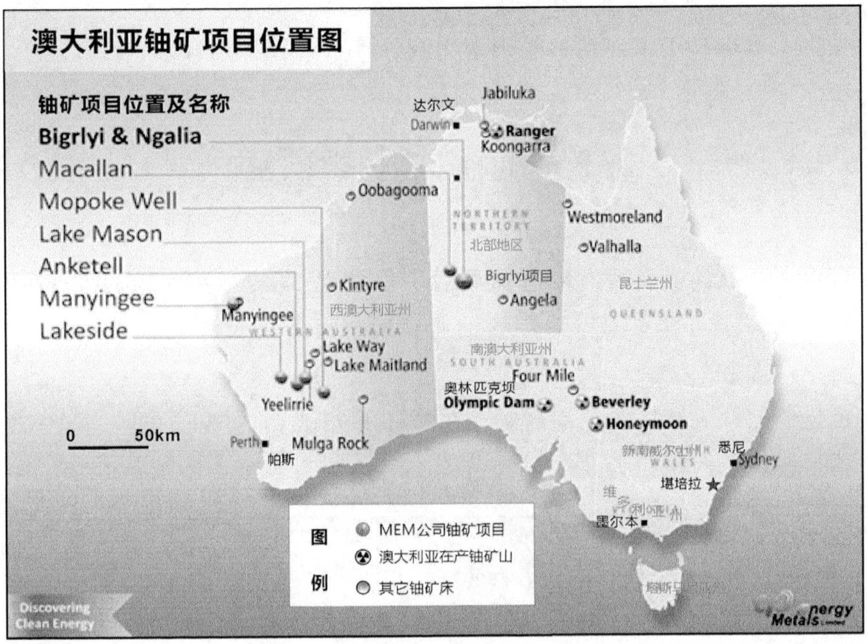

图 2.17 澳大利亚 Bigrlyi 项目位置图

该项目铀资源量 11 361 tU，平均品位 0.126%，项目尚处于勘查阶段。

Bigrlyi 铀矿床位于澳大利亚中部的 Ngalia 盆地北缘，产在一套沿东西走向约 11 km，南北宽约 2 km 的陡倾石炭系砂岩中。Bigrlyi 铀矿床最早由 Central Pacific Minerals（CPM）公司于 1973 年发现。随后在 Bigrlyi 地区和外围进行了地质填图和大量钻探工作。总共施工了 413 个钻孔（约 37 500 m）。基于这些钻探数据，CPM 公司于 1982 年开展了水冶试验和资源量估算工作。

在 1983—2004 年，受低铀价和诸多因素影响，Bigrlyi 矿区勘查工作处于暂停状态。

2005 年，EME 公司收购了 Bigrlyi 矿床 53.3%的权益，当年 10 月开始勘查活动。2005—2009 年共施工钻孔约 9 万 m，并在 2008 年开展了概略性研究。

2009 年 10 月，中广核铀业发展有限公司收购了 EME 公司 60.56%股权，成为 EME 公司的控股股东，全面负责 EME 公司的运营管理。此时，该项目已拥有控制和推断级资源量 7 920 tU，平均品位 0.11%U。

并购后，中广核铀业对该项目开展了为期 5 年的详查工作，提升了 Bigrlyi 核心区资源规模及资源类别，并在 Bigrlyi 发现了新矿体和矿化信息。目前，项目总资源量达到 11 361 tU。此外，中广核铀业还完成了 Bigrlyi 铀矿床预可行性研究，为未来开发 Bigrlyi 铀矿床提供了技术参数。

Ngalia 盆地整体勘查工作程度较低，且发现众多铀矿床（点）或异常，找矿潜力较大。

由于受生产成本高于目前铀价等因素影响，该项目被推迟开发。

2.9 加拿大白熊项目

该项目由中广核铀业发展有限公司参股的加拿大 Fission Uranium Corp.（Fission 公司）负责运营。2016 年 1 月，中广核铀业发展有限公司认购 Fission 公司 19.99%股份，成为其第一大股东。

该项目位于加拿大萨斯卡彻温省阿尔伯塔王子市北西 550 km 处（见图 2.18），交通方便。项目区块总面积约为 310 km^2。

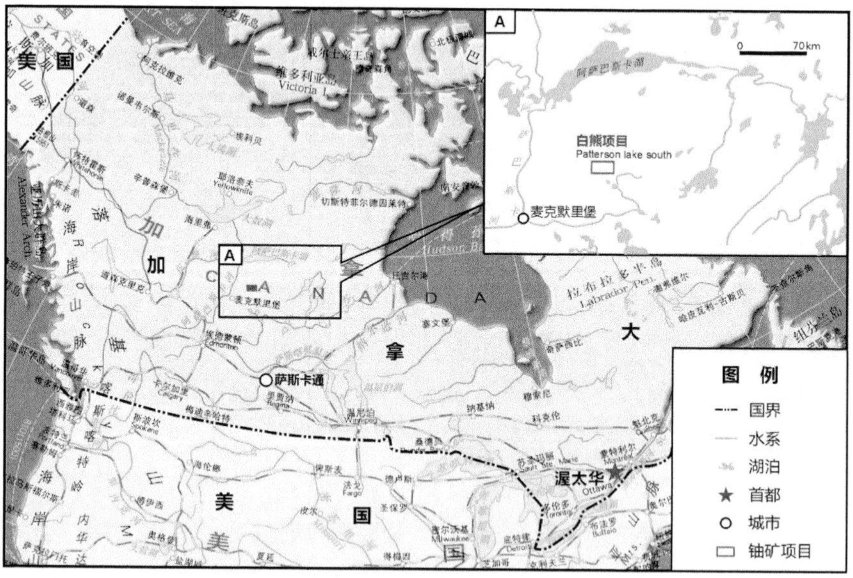

图 2.18　加拿大白熊项目位置图

项目位于加拿大萨斯卡彻温省北部的阿萨巴斯卡盆地西南边缘，主要矿体均赋存于不整合面之下的元古代结晶基底的变质岩内，属于典型的不整合面型铀矿床，也是近年来在该区域发现的规模较大、品位较高的优质铀矿项目。

该区自 20 世纪 60 年代以来，相继开展了包括地质填图、航空放射性测量、航磁、航空电磁（EM）测量及大量的地表物探（HLEM）、化探、放射性测量（包括氡气测量）与钻探工作，但在 2011 年之前仅发现一些异常点。

2011 年开始，该地区投入了较多的钻探工作，截至 2015 年年底完成的总进尺超过 14 万 m，也取得了很好的找矿效果。初步估算项目铀资源量 41 552 tU，平均品位 1.49%。

目前该项目正处在详查和勘探阶段。

3 海外铀资源开发展望及建议

3.1 海外铀资源开发前景展望

3.1.1 国家实施“走出去”和“一带一路”倡议，给国内企业走出去开展海外铀资源开发带来了空前的发展机遇

我国矿产资源勘查开发自20世纪80年代开始逐渐走向国际市场，2001年，“走出去”战略写入了《国民经济和社会发展第十个五年计划纲要》。随着全球经济一体化的不断深入，中国“走出去”战略也在朝着规模化、技术化和绿色化的方向不断调整，以获取资源或品牌为目的的海外投资、并购和重组等如火如荼。同时，一些国家取消了或逐步取消了在市场准入方面对中国企业的限制，这种越来越开放的国际市场环境为中国企业参与国际业务提供了良好的机遇和平台。在此背景下，中国两大核电企业于2006年先后成立了海外铀资源开发平台，并借着国家“走出去”战略的东风，逐渐在国际铀资源开发市场拥有了一席之地。

2013年，习总书记提出“一带一路”倡议思路，在已有基础上推动亚、欧、非各国实现经济战略相互对接、优势互补。“一带一路”沿线国家铀资源十分丰富，生产成本<260美元/kgU的铀资源总量达236万t，约占全球铀资源总量的31%，而其近几年铀产量更是占到了全球总产量的近60%，在核能矿产资源勘查开发中占有举足轻重的位置。因此，随着“一带一路”倡议的发展，我国的海外铀资源开发业务在“一带一路”沿线国家也必将得到空前的发展。

3.1.2 海外铀资源开发将成为保障我国核电发展天然铀需求的重要来源

我国企业海外铀资源开发已经成功走出国门，并取得了初步成就。通过8年左右的工作，海外铀资源勘探开发取得了喜人的成绩和发展基础，已先后在海外获得权益

铀资源约 34 万 t，形成权益产能约 6 600 t，几个勘探项目也显示较大的勘探潜力。

中核集团和中广核集团已经与全球铀资源大国的铀生产商及勘探公司就铀资源勘查与开发合作进行了广泛的接触，并与一些主要产铀国家的大型铀矿生产商及勘探公司开展了较深入的合作洽谈。通过合作洽谈获取新项目的机会很多，海外铀资源开发的前景十分广阔。预计 2020 年年末，我国企业在海外铀资源开发方面有望实现控制资源 50 万 t，形成权益产能 8 000 t/a，使我国跻身世界核能矿产资源强国行列。预计 2030 年年末，我国企业在海外铀资源开发方面有望在实现控制资源 60 万 t，其中权益铀资源 50 万 t；形成权益产能 10 000 t/a 左右，使我国跻身世界核能矿产资源强国前列。可以预见，海外铀资源开发将成为我国核电发展天然铀需求的重要保障来源。

3.1.3 天然铀贸易将成为保障我国核电发展天然铀需求的重要来源

日本福岛事故之后，全球核电发展速度放缓，国际铀价持续低迷，我国政府及企业紧紧抓住这一机遇，加大了天然铀贸易力度，不仅为正在运行的核电提供了重要的铀资源保障，也不断扩大天然铀储备，为核电发展奠定了稳固的基础。目前，我国已经初步形成了“国内开发、海外开发、国际贸易、战略储备”四位一体、机动灵活的天然铀产品保障供应体系。

随着我国海外开发和国内天然铀生产能力以及天然铀贸易掌控能力的不断提高，预计未来国际天然铀贸易将成为我国根据国际天然铀市场价格调节国内外控股铀生产企业产量、平抑国际铀价的重要平衡手段。

3.1.4 海外铀资源开发的重点地区和国家基本明确

铀资源的分布具有明显的地区不均匀性。根据世界经济合作与发展组织（OECD）、核能机构（NEA）和国际原子能机构（IAEA）发布的《铀资源、生产与需求》《铀资源》中表明，全球生产成本低于 130 美元/kg 的铀资源主要分布在澳大利亚、哈萨克斯坦、俄罗斯联邦、加拿大、美国、南非等国家。排名前 10 位的国家占有全球铀资源总量的 86%。这些国家中，俄罗斯、美国等国自身核电发展铀资源需求较大，而澳大利亚、哈萨克、纳米比亚、尼日尔等国家本国没有核电站，铀产品几乎全部出口；加拿大的核电装机容量较小，只有 13.5 GW，天然铀需求量远远小于其国内铀生产量。因此，海外铀资源开发的目标地区应主要集中在澳大利亚、加拿大、中亚和非洲等铀资源丰富且本身需求很小的地区。

3.2 建　议

3.2.1 加强海外铀资源开发规划研究

海外铀资源开发对保证我国核电发展的燃料需求起着举足轻重的作用。我们不仅要考虑2020年前的海外铀资源开发战略，而且要以更长远的目标谋划海外铀资源开发战略。

由于天然铀的生产、运输及矿山退役的安全环保等要求又高于一般的矿产品，因此，天然铀的生产及贸易更需要资源所在国国家政策及当地社区居民的支持。加之天然铀产品具有军民两用双重属性，我们进行海外铀资源开发特别要注意全球均衡协调发展，不能把项目过多地集中在（或依赖）某一两个国家。

为此，我们要持续研究全球铀资源分布特点、开发现状和发展趋势，要分析了解全球核电发展趋势，掌握全球主要产铀国的天然铀生产和供需形势，并据此制定我国走出去进行海外铀资源开发的中长期（5～20 a）规划，从全球布局角度规划出不同阶段工作的重点国家，以及要开展的重点工作，明确在不同阶段、不同国家开发的重点任务和工作目标。

3.2.2 加强组织协调，建立统一的海外铀资源开发投资平台

目前我国走出去的资源开发企业基本上属于各自为战，尚未实现抱团出海，所以不如俄罗斯和法国那样具有整体优势。国内企业在海外铀资源市场开发中的不规范竞争等行为，不但抬高交易标的价格、加大投资成本，还增加了企业境外投资、兼并收购的难度。为此，我国应该像俄罗斯、法国那样，设立一个统一的海外铀资源开发对外投资平台，将走出去企业整合，形成合力，一直对外。如果短时间内难以组建统一的海外铀资源开发对外投资平台，需要国家层面加强走出去企业的协调，让他们在国外大型铀资源开发项目投资上联合参股（或控股），也可避免各企业在走出去时相互之间恶性竞争。

3.2.3 建立铀资源勘探开发企业与核电企业联合开发的合作机制

海外铀资源开发是一项艰巨复杂的工程，投资金额大、海外经营难度大、回报周

期长等问题都是铀勘探开发企业“走出去”需要面对的挑战。而海外铀勘探开发本身资金实力有限，独立承受的风险努力不足，需要一些战略投资者参与项目合作，分担风险和压力。

作为铀资源海外开发的用户和最终受益者，核电企业应该和铀资源海外开发密切合作，从项目开发阶段就参与进来，一方面为自身提前锁定项目开发权益产品，另一方面，可分享铀价上涨带来的收益。

3.2.4 加强资金支持力度和政策协调支持

海外铀资源开发周期长，资金需求大，我国铀资源开发企业由于走出去很晚，目前仍还属于投入阶段，企业本身还没有形成造血功能，资金压力很大，以致有时出现新的投资机遇时，由于收购资金不落实也无法将项目往深入里进行。因此，需要国家、铀资源开发企业、核电用户等各相关单位共同努力，筹措资金，并制定相关政策，保障海外铀资源开发工作的顺利进行。为此，建议国家从以下几个方面提供资金和政策支持：

（1）设立海外铀资源勘查开发专项基金，支持企业走出去进行铀资源勘查开发，减轻企业海外勘查风险资金投入压力，以便以较低的投入从前端控制一批资源。

（2）在铀价低谷期，加大对海外铀资源开发项目并购的国有资本金支持力度，有效缓解企业在低谷期收购后就面临运营资金不足、还贷压力大的困局，为铀价回升时期获得较高收益打下资源基础。

（3）加强政策协调支持，希望商务部、财政部、外交部、中国人民银行、外汇管理局、政策性银行、出口信用保险公司等方面加强协调，建立金融机构支持企业走出去的专项融资政策和专项融资渠道。

（4）与有关国家签订双边或多边自贸协定，减免天然铀、核燃料加工产品的进出口关税，减少协议国间铀矿开采业务限制。

（5）建立铀资源和产品储备机制：一是设立待开发核能矿产资源战略储备库，对获得的国内外优质铀矿资源，先期给予一定比例的勘查费支持，直到矿山开发后收储产品抵扣，以此缓解国际铀价低迷时期给企业造成的资金压力。二是实施海外铀矿产品专项收储，针对我国天然铀保障“近期有富余、中期有保障、长期有缺口”的供需矛盾，对核电企业近期难以消化的自营矿山全部产品，通过国家战略储备进行回购，确保我国天然铀长期持续稳定供应，降低远期天然铀供应不足风险。

3.2.5 建立合理的天然铀产品价格机制，保障海外铀资源开发

天然铀产品价格与其他大宗产品价格一样周期性波动特征非常明显。过去30年内

高峰期时铀价比低谷期铀价要高 20 倍左右，铀价高峰时铀矿生产企业暴利，铀价低迷时企业亏损严重甚至不得不停产关闭。如何促进海外铀开发、保障核电需求并综合平衡铀资源开发企业与核电企业的经济利益，需要从国家层面协调建立合理的天然铀产品价格平衡机制。建议参考国外天然铀生产企业与核电企业签订天然铀产品长期供销协议的做法，即在成本基础上参考国际铀市场变化价格定价，设立封顶保底机制。这样既可保障核电发展的长期需求并在铀价高峰期以较低的铀价获得天然铀产品并降低发电成本，也能使天然铀生产企业能在铀价低谷期以合理的铀价获得一定的现金流以维持企业正常生产。

3.2.6 加强国际天然铀价格趋势分析，完善天然铀储备体系，建立灵活机动的天然铀保障供应体系

随着全球经济形势的变化及各国核电政策及环保法规政策的变化，天然铀的需求和供应也发生相应的变化，进而影响国际天然铀市场价格变化。为此，我们要不断研究国际天然铀市场价格的变化规律，并完善国家储备、天然铀生产企业储备和核电用户储备三级储备体系。一方面，我们要抓住市场低迷期的机遇，适当加大天然铀贸易采购数量，以保障我国核电发展的中长期需求；在天然铀市场高峰期，减少天然铀贸易采购数量、甚至出售一部分天然铀储备以平抑国际市场价格。另一方面，要根据国际天然铀价格变化及时调节企业生产产量，与天然铀贸易策略配套，形成灵活机动的天然铀保障供应体系。

地浸采铀工艺废水深井处置的可行性初步分析

执笔人：徐乐昌

审稿人：潘自强　张金带　潭亚辉

目　　录

1　概述 ……………………………………………………………………………… 137
2　国内外现状 ……………………………………………………………………… 139
　2.1　国外现状 …………………………………………………………………… 139
　2.2　国内现状 …………………………………………………………………… 146
3　深井处置技术要求及安全分析 ………………………………………………… 148
　3.1　选址 ………………………………………………………………………… 148
　3.2　设计 ………………………………………………………………………… 149
　3.3　建造 ………………………………………………………………………… 152
　3.4　运行 ………………………………………………………………………… 152
　3.5　闭井 ………………………………………………………………………… 154
　3.6　安全性分析 ………………………………………………………………… 154
4　我国地浸采铀废水深井处置的可行性分析 …………………………………… 158
　4.1　我国地浸采铀概述 ………………………………………………………… 158
　4.2　地质条件初步分析 ………………………………………………………… 159
　4.3　建造和运行条件分析 ……………………………………………………… 166
　4.4　经济性分析 ………………………………………………………………… 166
　4.5　法规政策 …………………………………………………………………… 170
5　进一步开展工作的建议 ………………………………………………………… 175
　5.1　技术研究 …………………………………………………………………… 175
　5.2　法规标准研究和制订 ……………………………………………………… 176
　5.3　阶段工作安排 ……………………………………………………………… 176
参考文献 …………………………………………………………………………… 177

1 概　　述

废水深井处置属于“地下灌注”的一种形式。地下灌注是通过井或其他类似输送系统将液体灌注到地下多孔的岩层中的一种处理与处置技术。所灌注的液体可以是水、废水以及添加化学试剂的水溶液。具有现代技术特征的地下灌注最早出现在20世纪30年代的美国，在德克萨斯州油田开采中，技术人员将与石油一同采出的盐水通过深井再注回到原地层中。此时期内，地下灌注还应用于向油气层灌注水或其他液体以提高石油或天然气的回收率。到了20世纪40年代，美国一些炼油厂开始采用地下灌注将液体废物灌注到地下进行处置。而到20世纪50年代，一些化学制品公司也开始进行深井灌注技术处置工业废物。美国一些州在这段时间内开始着手制定关于盐水地下灌注的法律规章。

废水深井处置技术是一种新的污水处置技术。具体应用方法是在地质条件适合的情况下，采用多重密闭的材料构建一个非常深的灌注井，通过高压泵将灌注液（污染物）注入封闭的、尚有巨大利用空间的第四类环境介质——地质储存空间，与地下饮用水资源保持足够的安全距离，使污染物不再参与人类和生物的物质循环，从而达到安全处置废水的目的。

废水深井处置从选址、设计、施工、运行、环境安全评价和监管有着严格要求，从而确保了深井处置具有很好的安全性和可持续性。1984年，美国国会颁布危险固体废物修正案，针对Ⅰ类危险性废物处置井提出了危险性废物“无转移”的要求。根据2001年美国国家环境保护局（简称美国环保局，EPA）的风险分析中指出，深井处置的泄露概率在百万分之一到四百万分之一之间，安全系数也远高于其他废弃物处置技术。

深井处置活动既是一种最终处置污染物的排污行为，同时在一定程度上也是一种使地表环境免受污染的环境保护措施。同其他处理技术相比，深井灌注具有处理成本低、污染风险小，能防止污染物进入生物圈循环系统，能减轻对大气、水体和浅地层的环境压力，能置换出地表环境容量等优势，可以作为工业和城市处理、储存液体污染物的手段。地下深井处置技术在发达国家是一种比较成熟、比较安全和经济的废水处置技术，适用面较广。

废水深井处置可处理酸、重金属、危险性和非危险性无机（如氰化物）及有机、放射性、二氧化碳等污染物，在美国、欧洲等得到较广泛的利用。美国是废水深井处置最早得到利用的国家，也是利用最广泛的国家，制定了《地下灌注控制法》《安全饮用水法》《地下注入控制规范和标准》等一整套完整的法律、法规、条例和标准规范。截至 2015 年美国已有 687 788 口灌注井，每年注入地下的废水约 30 亿立方米，约 89% 的难处理危险性工业废水采用深井注入处置技术。美国地浸铀矿山均以深井处置为主处理地浸采铀废水，在地浸矿山许可证的申请中必须包括深井处置。俄罗斯也采用深井处置过含 ^{90}Sr 和 ^{137}Cs 的高、中水平放射性废水。

我国曾采用水压裂处理中水平放射性废水，但在铀矿冶放射性废水深井处置方面尚处于空白。随着我国地浸采铀规模不断扩大，废水的产生量也随之增加，因无地表水流可供处理后排放，废水的处理和排放压力急剧增加。因此，在国内开展地浸矿山废水的深井处置技术的研究和应用示范可以提高我国天然铀地浸矿山的废水处理技术水平，更有利于天然铀开采对环境影响的最小化，并为我国废水处理提供一种环保、经济的解决方案。

2 国内外现状

自20世纪70年代以来，废水的地下处置及控制技术已成为备受关注的新技术。自1949年美国杜邦公司率先掘井灌注后，深井技术在美国开始推广。目前，深井处置技术在发达国家已有近70年的实践经验，在美国、俄罗斯等发达国家已成为一种成熟、安全和经济的废水处理技术。

2.1 国外现状

2.1.1 美国

2.1.1.1 法律法规和标准的建设

美国是世界上地下灌注技术第一个得到法律认可并出台相关法规的国家，制定了一整套完善的法规及相关管理条例。

1974年，美国国会颁布了《安全饮用水法案》（The Safe Drinking Water Act，SDWA)，要求EPA制定法规保护地下饮用水源。该法案的颁布对地下灌注技术的发展和地下灌注管理体制起到一定的推动作用。

1980年，EPA颁布了《地下灌注控制》法规，该法规要求对包括Ⅰ类灌注井在内的所有类型灌注井加强监管。

1983年4月1日，美国对《安全饮用水法》进行了修订，该法的宗旨是保护地下水和饮用水源，对各个州的地下注入控制方案（Underground Injection Conntrol，即UIC方案）提出了要求，假如该州没有UIC方案时，美国联邦政府提供最基本的操作和执行规范。

截至1984年5月10日，美国各个州、地区和领地提出了各自的州地下注入控制方案（States UIC方案）。

1984年美国国会颁布的危险固体废物修正案对地下灌注提出了“无转移”要求。1988年，EPA补充规定了危险废水灌注区须通过多重论证，使有害废水永久（10 000年）不得发生泄漏事故。自1974年《安全饮用水法案》颁布以来，工业废水地下深井处置技术未出现过地下饮用水资源的污染。

1988年7月26日，EPA对1976年颁布的《资源保护和恢复法》进行了修订，其中的（有害废水注入限制条例）（Hazardous Waste Injection Restriction）对深井注入地下的有害废物种类进行了严格的限制。

污染物浓度在表2.1所列范围内的废水将被禁止注入地下。

表2.1 地下灌注废水中污染物浓度限值

聚氯联苯/(mg/L)	卤化有机物/(mg/L)	氰化物/(mg/L)	砷及其化合物/(mg/L)	镉及其化合物/(mg/L)	铬及其化合物/(mg/L)	铅及其化合物/(mg/L)	汞及其化合物/(mg/L)	镍及其化合物/(mg/L)	硒及其化合物/(mg/L)	铊及其化合物/(mg/L)	pH
≥50	≥10 000	≥1 000	≥500	≥100	≥500	≥500	≥20	≥134	≥100	≥130	≤2.0

1996年颁布《土地处理过程适用性法案》，要求EPA完成一项关于在地下灌注管理的控制下Ⅰ类灌注井危险废水处理对于人类和环境的风险的研究，2001年EPA发布了这项研究的报告。美国针对地下灌注技术和控制管理方法开展了大量的研究，得出的主要结论是地下灌注是安全的。

2001年的土地处置计划以及向美国国会提交的地下灌注井风险研究报告，均使得美国政府有关深井灌注管理的制度得到加强和完善。

2.1.1.2 灌注井分类及应用

美国地下灌注技术始于20世纪30年代，最初用于油田和天然气行业。20世纪50年代左右，化学和钢铁工业也开始利用地下灌注技术处理废水，随后进一步扩展到金属制造、化学品生产、制药、农业生产等领域。由于地下灌注具有开辟新环境容量、不依赖地表构筑物和永久封存等特点，成为美国工业有害废水的主要处置技术之一，目前地下灌注已涉及各领域。

依据灌注液性质、灌注量、地质结构、灌注深度、设计及操作技术要求，EPA将美国境内的地下灌注井分成了六类（见表2.2），以确保同类灌注井执行相同的设计规范和操作规定，保证地下饮用水源不受污染。其中Ⅰ类灌注井分为危险废物处置井、非危险工业废物处置井、城市污水处置井和高放废物处置井四种，其数量多、用途广，是地下灌注井的主要组成部分；Ⅳ类井因位于饮用含水层之上直接危害公众健康于1984年被EPA禁止使用，截至2013年仅剩余20口灌注井，因被禁止使用所以在表2.2中不再列入；Ⅵ类井为2010年新增，用于CO_2地下封存，是地下灌注在应对全球气候变化中的一项新技术。

EPA 2002年统计，全美注入地下的废水量超过28.4亿立方米/年[1]，其中有近3 400万立方米为危险性废水，占地面处置危险性废水总量的约60%，也就是说当年美国处置的危险性废水中有30%是通过地下灌注完成的。EPA 2009年统计，全美约89%难以处理的危险工业废水均通过深井灌注方式来进行处置，以实现对环境影响的最小化。

表 2.2　美国地下灌注井的分类

类别	注入介质类型	注入地层	应用领域	截至 2013 年灌注井数量		
				场址/处	井数/口	备注
Ⅰ	危险废物、其他工业和市政废水、放射性废物	所有饮用地下水水源（USDW）之下。美国五大湖区（The Great Lakes Region），典型的灌注井深度为 1 700 ～ 6 000 英尺（约 518 ～ 1 829 m）；在海湾地区（The Gulf Coast）灌注深度为 2 200 ～ 12 000 英尺（约 670 ～ 3 657 m）或更深	炼油、金属制造业、化学品生产、制药、商业污水处理、市政污水处理和食品加工等		822	危险性废物灌注井 140 口，其他 682 口
Ⅱ	天然气储运作业或石油天然气采掘过程产生的废水和天然气脱出的混合废水；为了提高石油和天然气的采收率而注入的液体；储存标准温度和压力下为液态的烃类化合物	储油地层	石油天然气开采		184 360	每天灌注 20 亿加仑（约 75.7 亿升）石油天然气开采废水
Ⅲ	过热蒸汽、水或其他流体	本类井的深度依矿床埋藏的深度而定，一般为到矿床所在层位的深度	铀、盐、铜、硫等资源的溶浸开采。在美国，一半以上的盐是用清水注入地下再抽回地面开采出来的；80% 以上的铀碱法浸出开采	96	22 688	

续表

类别	注入介质类型	注入地层	应用领域	截至2013年灌注井数量		
				场址/处	井数/口	备注
V	没有被以上三类井灌注废水包括的液体类型	根据实际需要	用于灌注无害废水到饮用水地层之上的区域。如：热泵系统中空调水回灌含水层；地表流体的排泄，主要为暴雨径流回灌地层；含水层的补给井；控制地面沉降的地下水回灌井等		476 898	
Ⅵ	CO_2	枯竭油气藏，地下含水层等	灌注二氧化碳以控制温室效应、应对全球气候变化。此类井是为2010年8月奥巴马政府提出的《机构间碳捕获和储存特别工作组》而准备的，旨在实现二氧化碳的捕获、压缩、运输和永久储存		7	
					总计：684 795	

长期以来的实践证实，地下灌注控制计划对保护美国的饮用水资源起到了积极作用。美国所有地下灌注井的建造都需要得到政府许可，现在已有 33 个州获得了该计划的执行权。据 EPA 2015 年的统计，前五类井在美国的数量为 687 788 口、第六类井为 7 口，如表 2.2 所示。

2.1.2 俄罗斯

前苏联早期的放射性废物管理方法存在严重问题。曾经一度将废水直接排入捷恰(Techa) 河和卡拉什 (Karachay) 湖，1957 年在马亚克核燃料厂发生了放射性废物贮罐爆炸事故（即，克什特姆事故）。这些问题促使了核废料深井处置技术的研究及应用，以达到降低放射性废物对地表水环境污染的目的。1966 年以来，随着俄罗斯联邦原子反应堆项目及国家科学中心在采矿领域的发展，深井地下处置得到快速发展。表 2.3 给出了俄罗斯深井处置的应用情况[2]。

表 2.3 俄罗斯原子能部企业对核废物及非核废物深井灌注处置情况

企业名称	灌注深度/m	岩性及含水层性质	灌注开始时间	量/10^6 m^3
西伯利亚化工企业	270～320 314～386	砂层、砂岩，饮用水	1963 年	43.5
矿业—化学联合企业	180～280 355～500	砂层，饮用水	1967 年	6.1
核反应堆研究院	1 130～1 410 1 440～1 550	石灰岩，卤水	1966 年	2.5
切佩茨克机械厂（非放射性废水）	1 435～1 600	石灰岩，卤水	1992 年	4.3
基洛沃—切佩茨克化工企业	1 260～1 440	石灰岩，卤水	1987 年	4.1
加里宁核电站	1 200～1 400	砂层，卤水	2005 年	—

位于俄罗斯西伯利亚克拉斯诺亚尔斯克边疆区的矿业—化学联合体的核武器生产设施于 1967—1969 年开始向深地质层注入放射性废水。在 355～500 m 的第一含水层灌注中、高水平放射性工艺废水，在 180～280 m 的第二含水层灌注低水平放射性废物。第一含水层注入了 2.25×10^6 m^3 高水平放射性酸性废水和中水平放射性碱性废水，总活度为 9.6×10^{18} Bq，主要为活度浓度为 5.8×10^9 Bq/L 的 ^{90}Sr 和 ^{137}Cs；活度浓度为 2×10^5 Bq/L、总活度为 5.6×10^8 Bq 的 $3\times10^6 m^3$ 的非工艺废水注入第二含水层。高、中水平注入系统由 8 眼注入井、8 眼减压井和 54 眼监测与观测井组成。高水平废水每年按 1 000～2 000 m^3 的批量灌注 1～2 次，中水平废水从春天到秋天每天注入

300 m^3，注入造成的第一含水层压力增加通过注入区南 1 km 的减压井减压。低水平系统由 4 眼注入井、4 眼减压井和 37 眼监测井组成。由于压力消散较快，第二含水层的减压井没有使用。低水平废水从春天到秋天每天注入 600 m^3。该许可证要求每五年更新一次。第一、第二含水层的地下水迁移速率分别为 5 m/a 和 20 m/a。研究表明，1 000 年后，到达注入区界外约 1.5 km 边界的放射性核素最大浓度仅为注入初始浓度的 0.001%。

2.1.3 加拿大

《加拿大环境保护法》是加拿大防治污染行为的联邦法令，该法包括与地下灌注相关的地层及地下水内容。

《西北地区水法》（North west Territories Water Act）对包含地下灌注在内的废物处置进行了规定，要求在没有许可或授权的情况下，不得在加拿大水法规定的水管理区域内及可能流入管理区域内的水体中进行废物处置。

《石油与天然气钻探与生产条例》（Canada Oil and Gas Drilling and Production Regulations）第 49 条对地下灌注进行了详细规定，包括向环保部提出灌注申请，申请内容包括灌注井及地层详细信息、流体性质与来源、灌注应防止泄露且不会影响到其他地层等。地下灌注还必须符合第 23 条规定：对于危险的化学物质、废物和废弃油等要以不会对安全和环境造成危害的方式处置。

在加拿大西部沉积盆地（WCSB），相关企业开展了大量的废水深井灌注活动[3]。WCSB 是一种东北向逐渐减小的厚度达 6 km 的沉积岩，覆盖了阿尔伯塔省的大部分地区和不列颠哥伦比亚省、萨斯喀彻温省及马尼托巴省的部分地区，这个盆地拥有世界上最大的石油和天然气资源以及最大的钾矿。

在 1960—2012 年的几十年间，该盆地共注入了 2.3×10^{10} m^3 的水，主要为石油、天然气行业等多数与采矿活动有关的水。该盆地共施工了 70 万眼井，其中 5 万眼为注入井。大多数注入井用于联合油田水的处置和提高采收率或工业废物注入。这些井相当于美国的Ⅰ、Ⅱ类井。有些高注入量（>40 L/s）的注入井用于钾盐溶浸采矿（相当于美国的Ⅲ类井）。总注入量超过产出量 3×10^9 m^3。这一过量水主要是用于石油增采和其他用途的淡水，略小于 4.2×10^9 m^3 的石油开采量。注入井主要分布在中生代（Mesozoic）和古生代（Paleozoic）地层中，其中 72% 位于中生代，28% 位于古生代，剩余很少量的注入井位于新生代（Cenozoic）地层。大多数生产井和注入井的埋深约 1 000 m。

2.1.4 其他国家

瑞典、法国、芬兰、印度、日本、荷兰、英国、丹麦等国家均对核废物深地质处置开展了不同程度的工作。随着地质环境概念的提出以及环保观念不断深入人心，地下灌注技术的应用领域也在不断扩大。

2.1.5 地浸采铀废水深井处置的应用

经初步调研，采用深井处置地浸采铀废水的国家主要为美国和澳大利亚。

2.1.5.1 美国

美国所有地浸矿山均需向环保系统和核管理委员会申领采矿许可证，许可证其中的一项重要内容为深井处置。因此，美国的地浸废水均采用了深井处置。深井处置的废水包括转型废水、沉淀母液、实验室废水、厂房冲洗水、反渗透浓水、多余吸附尾液（防止采矿单元周围地下水影响而采取的抽液量大于注液量）和地下水修复废水等。表 2.4 给出了美国部分地浸铀矿山的深井处置情况。

表 2.4 美国部分地浸铀矿山深井处置情况

序号	地点	设计产能/(tU/a)	单井数量	深度/m	单井处置能力/(m^3/h)	处理的废水类型
1	得克萨斯州南 Duval 矿区		8	885～1 590	34～57	生产废水和地下水修复废水
2	怀俄明州 Smith Ranch 铀矿	800	2	3 000	34	反渗透浓水
3	内布拉斯加州 Crow butte	300	2	1 042～1 139	34～45.5	生产和修复废水
4	德克萨斯州 Palangana 铀矿	100	2	1 920		生产废水
5	怀俄明州 Willow Creek	500	6	生产早期：2 286～2 582，2 326～2 623；生产中期：1 164～1 926，1 247～1 980；修复期：1 158～1 981	34～37	生产和修复废水

2.1.5.2 澳大利亚

澳大利亚地浸也采用处置井处置地浸采铀废水。澳大利亚因含矿含水层本身水质很差，废水灌注在原含矿含水层中。

Honeymoon 铀矿地浸工程年产量为 340 t 天然铀。废水主要来自于抽液量超过注液量 1%所产生的多余吸附尾液，其量为 60 000 m^3/a，即 6.85 m^3/h。该废水中天然铀含量为 1.7 mg/L、^{226}Ra 为 500～1 300 Bq/L。废水的处置方法为将通过处置井注入到约 100 m 深的原开采的含矿含水层。含矿含水层地下水矿化度高且含量 ^{226}Ra 等放射性核素，分别为 9.4～20 g/L 和 30～450 Bq/L，不能用作生活和农牧用水。

2.2 国内现状

目前我国地下灌注技术的应用和研究处于初期阶段，虽然早期开始了一些尝试研究和可行性研究，但到目前为止均未工程化应用，地下灌注的相关法律、规程、理论体系、技术方法等尚待进一步研究。

2.2.1 大庆油田含氰污水的深井回灌

大庆油田含氰污水回灌项目于 1996 年开展可行性研究，研究表明，结合大庆油气藏特殊的地质构造，将含氰废水注入油田边界过渡带，达到驱油和防止含氰废水污染地下水的目的，注入层位埋深为 1 200～1 470 m 的葡一组[4]。

2.2.2 工业废水地下灌注技术示范和环境监督管理的应用和研究

从 2003 年起，国家环境保护总局（现为“中华人民共和国生态环境部”）同美国环保署开展了地下灌注与监控技术研究与合作。2005 年国家环境保护总局与杜邦公司共同开展了题为《工业废水地下灌注技术示范和环境监督管理的应用和研究》的重点科研项目。项目包括地质选址研究、工程技术研究和环境管理法律、法规和技术规范研究等三个研究专题。杜邦公司以山东东营市建设钛白粉生产工业废水地下灌注项目为依托，通过这三个专题的研究，提出我国进行工业废水地下灌注的地质选址方案、灌注方法、步骤、要求与评估规程等，给出我国地下灌注的环境保护技术规范、技术审批程序和后期监管制度的建议，为我国形成严格的环境技术管理体系提供技术支持[5]。

通过前期调研，从 2002 年开始选址，最终从山东东营市、湖北荆州市、江苏南通的海安市等候选场址选定东营市作为深井处置地址，用来处置生产过程中产生的金属氯化废水。杜邦公司通过模拟实验，被灌入的废水 1 万年以后的扩散尚未超过 3 km，且东营市几十千米内都没有地下水资源供利用，符合美国环保署“1 万年不转移”的标准。《杜邦公司东营二氧化钛生产厂项目环境影响报告书》获得国家环境保护总局批准。

尽管杜邦公司东营二氧化钛生产厂项目最终未能成功建设，导致《工业废水地下灌注技术示范和环境监督管理的应用和研究》重点科研项目未能按要求实施。但该重点科研项目的前期研究为铀矿冶废水的深井灌注研究方法与方式、注意事项提供了宝贵的经验和技术借鉴。

3 深井处置技术要求及安全分析

3.1 选 址

3.1.1 深井灌注处置井选址

深井灌注处置井的选址很苛刻，既要求地质结构简单，没有复杂断层和褶皱现象，又要求地层结构稳定、上下具有隔水层，周边一定范围内没有与上含水层的连通通道，地震活动少或受地震破坏影响小，同时又保证岩石矿物能与污水相容。美国Ⅰ类灌注井的平均灌注深度在1 200 m，除了灌注液本身的性质和特征，灌注深度是否位于最深的地下饮用含水层以下是认定Ⅰ类灌注井的重要准则，灌注层与当地地下饮用含水层之间必须有一定厚度的隔水层（如泥岩或页岩等）隔离。对处置危险性废物的Ⅰ类灌注井，周围至少3.2 km（2英里）的半径内须没有连通灌注层与饮用含水层的其他井或人工通道，对Ⅰ类非危险性灌注井，该半径为0.4 km（1/4英里）。

3.1.2 灌注层的选择要求

（1）注入层要有足够的渗透性、孔隙度、均质性和厚度确保在不需过大的压力下按照允许速率接受和容纳废水；

（2）注入层必须位于饮用含水层的下面，并要有隔离层把饮用水层与注入层分开；

（3）注入层平面上要有足够的空间防止压力积累和注入的废水达到含水层补给区；

（4）要有隔水层防止被注入的废水垂直迁移，不应有垂直迁移的裂隙或断层；

（5）注入的废水要与注入井材料和注入层的岩石及地下水相容，不能造成地层堵塞；

（6）地质稳定，地震发生概率小，注入也不会引起地震发生或增加地震发生的概率；

（7）注入层没有任何可开采利用的经济价值，如矿产资源；

（8）裂缝的压力梯度要大于注入的压力。

3.1.3 隔离层的选择要求

（1）水平方向上具有连续性（并且具有足够大的面积）；

（2）隔离层上没有横切的断裂带；

（3）含有至少一个具有足够厚度的隔离层，防止沿垂直方向上的裂缝输送废水。

并非所有地层都含有地下水，目前人们开采地下水的深度一般不超过 300～500 m。第Ⅰ类注入井注入层的深度通常在 800～3 200 m 之间，隔离层要具有 100～300 m 的厚度。井太深会提高灌注压力和成本，井太浅则会存在污染地下水的风险。

表 3.1 给出了处置层和隔水层的渗透系数关系。

表 3.1 废水深井处置地层和隔水层渗透系数的关系

岩层类型	用途	渗透系数/（m/d）
孔状灰岩	极好的处置层	$3\times10^{6}\sim1\times10^{9}$
砾岩	良好的处置层	$1\times10^{4}\sim3\times10^{6}$
砂岩和粉砂岩	较次的处置层或隔水层	$1\times10^{-2}\sim1\times10^{6}$
粘土岩、页岩	良好的隔水层	$1\times10^{-6}\sim1\times10^{-2}$

3.2 设　　计

井的套管方案设计主要取决于井深、岩层特征、注入流体压力、成井类型、注入流体对套管的腐蚀性。在地下淡水水源地，表层套管一般安装在最深地下水水源地之下。然后安装一个或多个较小直径的套管柱，其中最后一个套管柱的底部位于注入层位的上部或穿过注入层，具体安装位置取决于钻孔是裸孔还是填砾孔或者是安装套管还是安装过滤管（见图 3.1）。

对Ⅰ类灌注井的设计至少需要 7 重保护，以确保灌注液不发生泄漏。典型注入井井身结构的设计如图 3.2 和图 3.3 所示。

图 3.2 展示了典型的美国第一类地下灌注井输送管关键构造，由三层或三层以上的同心管建成，如此复杂的构造是为了防止废水污染可饮用地下含水层。

必须有多层设计防止废水进入地下饮用水水源：

（1）经审批的施工图和施工细节；

（2）至少 2 层同心套管和水泥密封；

(3) 外层套管密封至地面，长套管完整密封至地面；

(4) 注液管和封隔器的设计要综合考虑井深、注入液特征、注入压力和环状压力、注入速率、注液的温度和体积、套管尺寸、固井要求等参数；

(5) 钻井过程开展试验以确保无垂直迁移；

(6) 在离注入井 1～2.5 km 距离范围内的上部含水层设计观测井；

(7) 对危险性废物而言，尚需要提供更详细的注液管和封隔器的要求，长套管须完整的水泥密封至地表。施工前获批地下灌注套管、水泥密封、注液管和封隔器等的设计。

地表设备通常包括储水箱、输液管、过滤器、其他处理设备、泵、监测仪器和备用设施。

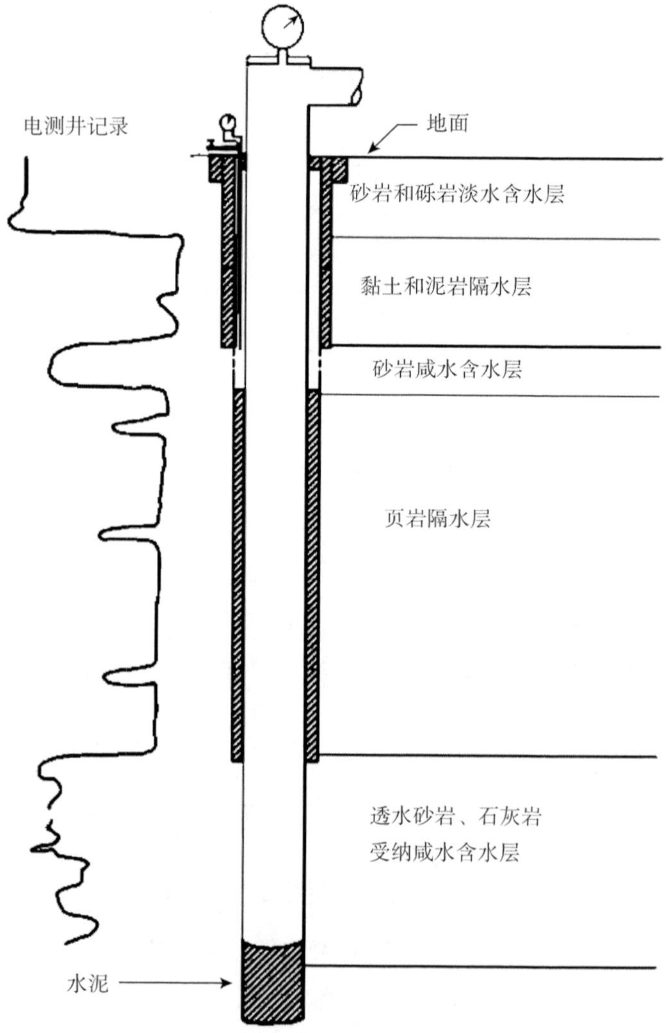

图 3.1 注入井的典型结构

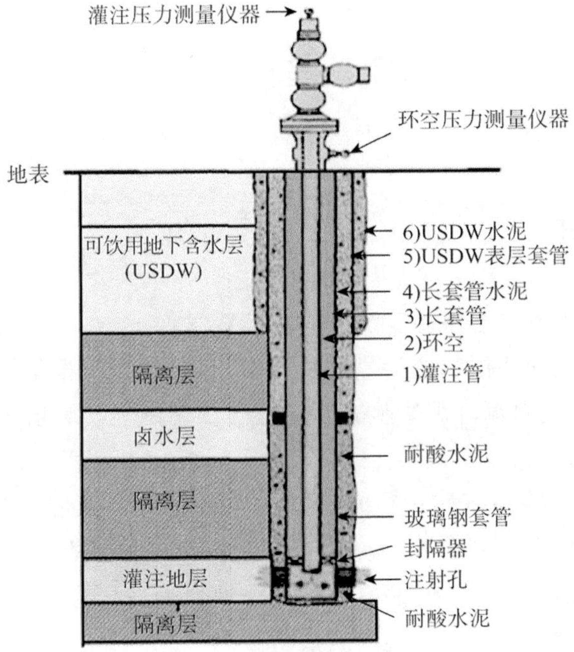

图 3.2 典型注入井井身结构

图 3.3 美国的一处地下灌注井

与注入井有关的地表设备应与废水量和物理化学特性兼容以确保系统尽可能有效并持续地运行。注入系统的运行经验表明由于过滤设备选择不合理和注入泵的腐蚀可能会产生一些问题。

地表设备应包括井口压力和流量监测设备（最好为连续记录）。在采用注入管的情况下，有利于监测注入管中流体压力和注入管与套管间的环状空间中流体压力。环状空间中的压力监测是注入管和封隔器泄漏的一种检测手段。自动报警系统可以预警注入系统任何重要部件的失效。过滤器应配备能立即显示那些有太多悬浮物的废水。

3.3 建 造

3.3.1 施工成井

应严格按经审批的施工方案施工成井。一般要求如下：

（1）打通一个井到灌注层（应为最底饮用含水层），插一根很结实的表层套管（通常为钢管），套管外面通过循环泥浆从套管底部封固至地表，表层套管应延伸至最下层饮用含水层底层之下。

（2）在钢管内再接着往下打一口直径小一点的竖井，插进一根细一些的长套管，外围也灌上水泥；井的末端开有孔，可以让废水流出；然后在这个井里面插一根耐腐蚀的管子，在它和外面的管子之间灌有密闭的非腐蚀性环状液体（环空流体），以避免产生灌注液的迁移通道，再加上一层隔离措施。

（3）在地面上修一个灌注站。一系列重重的密封保证在灌注过程中没有废水渗出。

在岩层和套管之间的环状空间采用水泥充填以保护套管免受外部腐蚀、增加套管强度、防止套管外侧含水层的水混合、防止被注入的废水进入处置层以外的含水层。

水泥应充填在套管外的整个长度，至少要充填至需要保护的足够长度。建议合理的水泥充填环状空间至少为1.5英寸（3.81 cm）。套管扶正器、其他设备和技术（如水泥分级填注）等可以进一步保证地层与套管之间的良好密封，应该考虑采用。

3.3.2 厂房建造

包括泵房、计算机控制系统、高压注液泵、废水贮池、过滤装置、阀门、各种压力计、流量计及液位计、监控系统等。

3.4 运 行

3.4.1 运行条件

严格按照试验和设计给出的运行参数进行运行，提供多种保障措施证明注入废水完全被封隔。

（1）维持注液压力不会产生裂隙或扩展裂隙；

（2）在环状空间内维持获批的流体和压力；

（3）安装、运行连续监测和记录仪。

对危险性废水，尚需满足以下条件：

（1）安装、运行自动报警仪和关闭设备；

（2）一旦发现问题，24 h 内通知审批部门；

（3）只有在 UIC 总监的许可下才可停止注液和恢复注液。

需要经常对注入区进行化学和机械处理以增加注入速率。应注意采用模拟技术，如水压力、射孔和酸化模拟以确保需要处理的部位只是所需要处理的部位，避免对套管和水泥造成伤害。

3.4.2 监测和检验

为了确保套管、注液管、封隔器没有任何泄漏以及注液始终维持在注液层内，运行过程中需要进行监测和井的完整性检验。

（1）连续监测

进行环状压力（用于探测套管、注液管和封隔器是否泄漏以及废水是否迁移至饮用地下水源）、注液层废水封隔的完整性、注入废水的特性、废水是否向饮用水源迁移的监测，主要监测参数包括注入速率、注入体积、注入压力，环形空间的压力及压差、环空流体流量，井底压力（此值通过其他变量计算得出），注液温度、pH、相对密度、有害物的浓度、悬浮物浓度和粒径大小等。

监测控制悬浮物的浓度和它的粒径范围，主要目的是防止注入液堵塞地层。

借助灌注孔的压力监测，如果压力减少，上面就可能发生泄漏；如果压力太大，就应立刻关闭阀门。正常情况下，环空流体压力始终比灌注压力高 1.7 个大气压（1 工程大气压＝98.0665 kPa）。一旦环空压力发生异常且 15 min 内无法找到原因，自动联锁装置都会自动关停灌注操作。

（2）每隔 5 年进行内外机械完整性检验（MIT）。

（3）监测观测井中有害物的浓度、输送距离等。一旦出现了有害物质，就说明有渗漏。

对危险性废物尚需满足以下要求：

（1）制定机械完整性故障的报告和纠正程序；

（2）制定和执行废水分析计划；

（3）按计划说明书要求分析废水；

（4）每隔一年进行内部机械完整性检验；

（5）每年测试井底的水泥完整性。

3.4.3 报告和记录保持

制定和履行灌注井运行和试验结果的 UIC 工程的报告程序：

（1）每季度的注入参数和地下饮用水源监测；

（2）每隔 5 年进行内外机械完整性测试；

（3）设施设备的变化情况、按计划实施进展情况、机械完整性损坏或与审批条件不相符情况。

对危险性废物深井处置的报告及记录保持尚需包括下列内容：

（1）废水分析和地球化学相容性结果；

（2）每年内部机械完整性检验情况；

（3）每季度最大注液压力；

（4）注液体积。

3.5 闭井

闭井包括事故情况下所必须的闭井和灌注处置工程最终结束后的闭井。闭井时需要提交闭井报告，对危险性废物需要开展下列工作：

（1）开展压力降解和机械完整性测试；

（2）继续地下水监测直至灌注层压力不会影响饮用含水层；

（3）用非反应性液体清洗灌注井；

（4）向环保主管部门报告有关灌注井及其位置和影响范围。

3.6 安全性分析

3.6.1 安全与环保措施

随着地下灌注活动的增多，加上当时对安全意识认识的不足和管理的不善，美国早期曾出现几次影响较大的事故。1966 年科罗拉多州一家军工企业利用深井灌注废水，由于压力过大引起了小型的地震。同年，美国出现了第一份关于地下饮用水遭受污染的报道。20 世纪 70 年代初，一家造纸厂的灌注废水从厂外一定距离的废弃油井中溢出，对当地的水土环境造成严重污染。

影响重大的事故的发生，让美国政府意识到地下灌注活动必须受到严格的监管。因此，在 1974 年，美国国会通过了《安全饮用水法案》，要求 EPA 制定地下灌注控制计划以确保美国地下饮用水源的安全。经过几年的研究，EPA 在 1980 年颁布《地下灌注控制法规》。1984 年，美国国会颁布危险固体废物修正案（Hazardous and Solid Waste Amendments，HSWA），针对 UIC 中的Ⅰ类危险性地下灌注井提出了危险性废物“无转移”声明要求（EPA，2001）。

Ⅰ类危险灌注井是各类井中风险最大的，因此美国对此类井的要求也是最严格的。从选址、设计、施工、运行、环境安全评价和监管提出严格的要求。

（1）执行严格的选址标准

选址是实施地下灌注的核心内容，选择合适的地质构造和灌注层位是安全运行地下灌注的前提。

（2）划定安全的评价区域

Ⅰ类危险废物灌注井的评价区域半径应大于 3.2 km，并可根据模型计算的扩散锥体，指定更大的区域。其他Ⅰ类井的评价区域应不小于 0.4 km。

（3）要求提出“无转移”申请

地下灌注井的所有者，要证明所灌注液在 1 万年或无害化之前不会运移到目标地层和区域之外，即提出“无转移”申请。

（4）执行严格的建设要求

必须采用多层井身，而且所有井体材料都必须是耐腐蚀的。建设过程中要严格检测井的完整性。

（5）制定严格的操作要求

运行过程中，灌注液的压力和环空流体的压力都应受到动态的监控，并能够自动报警和闭井。环空压力要高于灌注压力，当发生灌注管破裂时环空流体会进入灌注管，从而避免了灌注液的泄漏。环空流体与灌注流体不应相容。必须采用不会使隔离层产生新的裂隙的灌注压力，灌注压力需要通过测井和实验来确定。此外还要定期测试灌注井的机械完整性；定期检测灌注液的成分，保证其相对稳定性；定期对地层温度、压力等进行监测；定期利用放射性示踪剂对封隔器进行测试；对建井材料进行连续腐蚀性监测；必要时进行地震监测。各种监测和测试数据要定期向管理部门汇报。

（6）制定闭井要求

一旦发生异常的监测数据要马上查明原因，达到一定程度时必须马上停止灌注，并通知环境保护主管部门，在查明原因并确保未出现泄漏之前不得恢复灌注。灌注井停止使用时，要使用不相互反应的液体洗井，标记并测试每一段水泥的位置、类型、等级、密封性和稳定性，通过适当的测井手段验证闭井效果。在灌注井停止使用前提交闭井计划，回顾和总结灌注历史，在完成后提交闭井报告和闭井后计划，预测污染物的前沿位置和后续迁移情况。灌注井停止使用后，所有者应通过使用信托基金、履约保证、贷款、保险或公司担保等方式，履行闭井后的财务保障。

3.6.2 环境影响与安全评价

(1) 对可能存在发生废水流出注入层的人为通道（如其他井）的环境进行分析；

(2) 评价范围至少 0.4 km，对危险性废物至少 3.2 km；

(3) 对危险性废物，模拟预测废水在 10 000 年内仍然被封隔在灌注层内，即灌注物在 1 万年内不会在垂直方向流出灌注带，也不会在水平方向接触饮用水含水层底层；第二种是管理者应证明，灌注物在流出灌注带或者与饮用水含水层底层接触之前，由于衰减、转化等反应实现了无害化；

(4) 在评价范围内出现不完整的井时应有补救措施。

3.6.3 环境安全评价结果

深井灌注技术在美国已经有 60 多年的实践经验，并制定了一整套完善的法规及相关管理条例。1989 年，EPA 应国会要求历经两年时间完成了一项风险研究，研究认为：与地表填埋、贮存罐藏或焚烧等其他处置技术相比，深井灌注技术对于人体健康和环境所构成的危害极低，可能造成的危害风险最小。在风险分析所设想的所有情况中，深井灌注的泄漏概率在百万分之一到四百万分之一，安全系数也远远高于其他废弃物处置技术。深井灌注具有很好的安全性和可持续性。

美国 1996 年颁布的《土地处理过程适用性法案》要求 EPA 完成一项关于在地下灌注管理的控制下Ⅰ类灌注井危险废水处理对于人类和环境的风险的研究（见表 3.2），2001 年 EPA 发布了这项研究报告。美国针对地下灌注技术和控制管理方法开展了大量的研究，得出的主要结论是地下灌注是安全的。

表 3.2 危险废物Ⅰ类处置井废物隔离损失事件概率危险分析结果

累积百分数/%	封隔器泄漏	封隔器突然失效	注液管泄漏	注液管突然失效	水泥环失效	承压区失效	处置区误开采
0	2.05×10^{-20}	7.73×10^{-10}	3.31×10^{-20}	1.15×10^{-9}	0.00	5.05×10^{-12}	2.35×10^{-10}
10	5.35×10^{-19}	2.05×10^{-9}	8.46×10^{-19}	3.22×10^{-9}	1.78×10^{-8}	6.37×10^{-11}	3.55×10^{-9}
25	1.18×10^{-18}	2.82×10^{-9}	1.85×10^{-18}	4.45×10^{-9}	4.33×10^{-8}	1.20×10^{-10}	1.22×10^{-8}
50	2.67×10^{-18}	4.08×10^{-9}	4.19×10^{-18}	6.35×10^{-9}	1.35×10^{-7}	2.38×10^{-10}	4.79×10^{-8}
75	5.76×10^{-18}	5.53×10^{-9}	8.98×10^{-18}	8.54×10^{-9}	4.50×10^{-7}	4.80×10^{-10}	1.94×10^{-7}
90	1.11×10^{-17}	7.00×10^{-9}	1.77×10^{-17}	1.06×10^{-8}	1.04×10^{-6}	8.98×10^{-10}	6.41×10^{-7}
100	9.12×10^{-17}	1.32×10^{-8}	1.09×10^{-16}	2.08×10^{-8}	4.57×10^{-6}	6.39×10^{-9}	8.64×10^{-6}

4 我国地浸采铀废水深井处置的可行性分析

我国正处于经济的高速发展期，经济发展与生态环境保护的矛盾已经成为人们日益关注的热点问题，地面及大气中容纳污染物的容量在许多地方已经达到极限，地下灌注技术的应用将为工业污染物的处理开辟容量巨大的地下新空间，在中国将具有很大的发展潜力。

4.1 我国地浸采铀概述

地浸采铀相比常规采冶具有投资省、建设周期短、生产成本低（约为常规矿冶的40%～50%）、能耗低（仅为常规矿冶的30%～40%）、劳动强度小、生产效率高、安全性好、不产生尾矿与废石、不破坏自然景观、地面污染小、易实现大规模自动化生产，有利于环境保护和安全生产等许多独特优势，因此，在国际上迅速得到发展。2014年，全球地浸法生产天然铀产量达28 467 t，约占世界天然铀产量的51%，首次超过了天然铀总产量的一半，高于地下开采、露天开采、堆浸、原地爆破浸出等采矿方法的产量，位居首位。我国的地浸也得到快速发展，2016年地浸采铀产量也已到达全国天然铀产量的66%，2017年这一比例达到75%。可见，地浸采铀占据着天然铀生产的主导地位。

我国相继在伊犁盆地、吐哈盆地、二连盆地、鄂尔多斯盆地、松辽盆地等相继发现了大型、特大型可地浸铀资源。我国的天然铀生产将以这些可地浸铀资源的地浸为重点，进一步加速地浸采铀的发展。“十三五”至“十四五”期间将在北方建成多个千吨级规模的地浸采铀大基地。

为防止地浸采铀采场溶液对周围地下水的影响，地浸生产过中抽液量需要超过注液量0.3%～0.5%。以通辽钱二块一期的地浸矿山为例，日产生浸出液量为19 776 m^3/d，按抽液量超过注液量0.3%计算，加上转型废水、贫树脂反冲废水、沉淀母液等产生则需要处理的多余的废水量为约为7 m^3/h。

4.2 地质条件初步分析

4.2.1 通辽钱二块地浸采铀矿山

(1) 地层

钱家店（钱Ⅱ块）铀矿床位于松辽盆地开鲁拗陷北部偏西部边缘。盆地基底为古生代变质岩系。盖层自上而下由第四系、上第三系和白垩系组成。矿体产于上白垩统姚家组（K_2y）中。各组岩性及组合特征如表 4.1 所示。

表 4.1 钱家店代地层岩性特征

钻遇地层			岩性及组合	揭示厚度/m
系	统	组		
第四系			砂砾松散堆积	150
白垩系	上白垩统	嫩江组（K_2n）	滨浅湖相灰、深灰色泥岩、细砂岩，夹鲕状灰岩。与下伏地层整合接触	100～200
		姚家组（K_2y）	以滨浅湖相浅灰色灰质砂岩夹泥岩为主，底部为紫红色含砾砂岩。全区均有分布，与下伏泉头～青山口组呈平行不整合接触。	200～300
		泉头组（K_2qt）～青山口组（K_2qs）	据岩性、岩相及颜色特征可划分两段：下段为灰绿色砾岩、紫红色砂岩和泥岩；上段为红色～深灰色泥岩、砂质泥岩及砂岩与下伏阜新组不整合接触	100～800
	下白垩统	阜新组（K_1f）	滨浅湖相浅—深灰色泥岩和砂岩。主要分布于宝龙山和胡力海洼陷，在喜伯营子洼陷仅有零星分布。与下伏沙海组整合接触	200～600
		沙海组（K_1sh）	广泛发育于各洼陷，其中以胡力海洼陷最为发育。稳定沉积了一套浅湖—深湖相生油岩系。岩性以灰色、深灰色、灰黑色泥岩、砂质泥岩为主，夹砂岩。其中钱 4 井以北，岩性逐渐变细，泥岩变纯，并发育一套黑色炭质泥岩和褐色油页岩。与下伏九佛堂组整合接触。	800±
		九佛堂组（K_1jf）	为晚侏罗世早期大规模火山喷发后的正常沉积，全凹陷均有分布，按岩性分为两段：上段为一套浅湖～半深湖相暗色泥岩、砂岩及砂砾岩，局部发育扇三角洲、近岸水下扇、浊积扇等砂体。下段为一套滨浅湖相钙质泥岩、钙质砂岩，局部发育有凝灰岩；与下伏地层整合接触	400～1 000
		义县组（K_1y）	灰紫色、灰绿色及灰白色安山岩、玄武岩和凝灰岩等，偶夹沉积岩夹层。与下伏地层角度不整合接触	>1 000

由表 4.1 可知，泉头组下段及阜新组上段和九佛堂组上段为砾岩及砂岩，预计具有较好的渗透性，且其上下均具有较厚的隔水层且与第四系的生活用水地下水源隔绝，其埋深分别为 500～1 500 m 和 1 500～3 000 m，可以预选为废水深井处置地层。

(2) 构造

松辽盆地是在前中生代海西褶皱带基础上发展起来的中新生代盆地，沉积盆地相对稳定。矿区位于盆地东南部，基底为宽缓的大斜坡带，盖层产状平缓，褶皱、断裂不发育，属构造弱活化区。晚白垩世嫩江期后经历了缓慢抬升与掀斜运动，使盆地东部隆升，西部下沉。东部隆升区的泉头组、青山口组、姚家组和嫩江组长期经受剥蚀，区内无古近系、新近系沉积，但经历了 N_1-E_3 和 N_2-N_1 间的二次抬升的新构造运动。明水组（K_2m）后盆地一直抬升，与古近系依安组（E_3）之间有着长达 30～40 Ma 的沉积间断。古近系依安组（E_3）与新近系大安组（N_1）之间也为不整合接触，大安组（N_1）与泰康组（N_2）之间为平行不整合接触，泰康组与第四系之间也为不整合接触。

(3) 地震

根据国家地震局的《中国地震动参数区划图》(GB 18306—2001)，该区地震烈度为Ⅶ度。历史上至 20 世纪 90 年代，通辽地区共发生 $Ms \geq 2$ 级的地震 70 次，其中最大的地震分别于 1940 年和 1942 年各发生一次 6.0 级地震，矿区所处范围地震震级较小，$2.0 \leq Ms < 3.0$。

4.2.2 二连盆地巴彦乌拉地浸采铀矿山

(1) 地层和构造

巴彦乌拉位于二连盆地的一个次级构造单元马尼特坳陷内，该坳陷内沉积了一套巨厚陆相碎屑沉积构造，其沉积盖层中发育的地层主要包括白垩系，古近系、新近系和第四系（见表 4.2)，缺古新统和上白垩统。

表 4.2 二连盆地盖层岩性特征

界	系	统	组	代号	厚度/m	岩性	主要出露范围
新生界	第四系			Q	0～30	黄褐砂砾层、含砂质黄土、风成砂	盆内广泛出露
	新近系		宝格达乌拉组	N_2b	0～50	棕红泥岩夹黄色砂砾、砂	主要出露于盆内中部地区
			通古尔组	N_1t	0～50	紫红色粉砂岩、泥岩夹杂色砂、砂砾	主要出露于盆内中西部地区
	古近系		呼尔井组	E_3h	>10	灰白色砂岩，粉砂岩夹杂色泥岩	主要出露于盆内中西部地区
			伊尔丁曼哈组	E_2y	50～100	灰白砂砾、砂岩夹棕红色泥岩	主要出露于盆内中西部地区

续表

<table>
<tr><th>界</th><th>系</th><th>统</th><th>组</th><th>代号</th><th>厚度/m</th><th>岩性</th><th>主要出露范围</th></tr>
<tr><td rowspan="3">中生界</td><td rowspan="3">白垩系</td><td rowspan="3">下统</td><td>赛汉组</td><td>K_1bs</td><td>100～500</td><td>杂色砂、砂砾及灰色粉砂岩、泥岩夹煤层</td><td rowspan="3">盆内零星出露</td></tr>
<tr><td>腾格尔组</td><td>K_1bt</td><td>500～2 000</td><td>灰、深灰色泥岩粉砂岩</td></tr>
<tr><td>阿尔善组</td><td>K_1ba</td><td>>100</td><td>杂色砂砾岩夹灰绿色泥岩</td></tr>
</table>

赛汉组为含铀矿砂岩层。该组分布较广，为一套粗岩性段，主要为一套河流相、沼泽相沉积。沉积厚度一般100～300 m。岩性以灰、灰白色、杂色砂岩、砂砾岩和砾岩为主，夹棕红色、绿色、灰色泥岩夹煤线、炭质泥岩。该组是巴彦花群重要的含煤层之一。该组下部为灰色粉砂岩、砂砾岩夹泥岩，其底部为灰绿、绿灰色（兰灰色）块状砂砾岩层，局部见煤层；中部为绿灰色泥岩夹炭质泥岩和褐煤层；上部为绿灰色、灰色砂砾岩、含砾砂岩夹灰色或棕红色泥岩，反映气候向干旱、半干旱转变。该套岩层主要特征为砂砾岩疏松、泥岩造浆性好、成岩性差及普遍含炭屑等。与下伏腾格尔组呈不整合接触。是巴彦乌拉地区铀矿找矿的目的层位。

腾格尔组（K_1bt）岩性主要由灰、深灰色泥岩、粉砂岩、少量砾岩、砂砾岩、泥灰岩组成，厚度>1 000 m。多呈中—薄层状，水平层理和波状层理等沉积构造发育。不同地段岩性变化不大。主要为一套温湿环境下形成的浅湖—深湖相沉积，局部盆缘有扇三角洲相沉积，总趋势是由静水浅湖相向深湖相过渡直到衰亡。为主要的隔水层。

阿尔善组（K_1ba）为一套岩性较单一的紫红、灰色粗碎屑岩，以中层—块状复成分砾岩为主，次为砂岩。砾石成分随蚀源区岩性而异，呈棱角—次圆状，砾径相差悬殊，以0～30 cm居多，个别可达1 m以上，无分选—分选差；砂、泥质胶结、结构松散，层理不甚清晰；其厚度变化大，数十米至千余米。推测为一套湿热环境下形成的产物，以山麓相为主，少量河流相。

阿尔善组（K_1ba）地层埋深预计在1 200～3 000 m之间，预计具有较好的透水性，位于上部生活用水含水层及铀矿地层之下，且与其由厚隔水层腾格尔组（K_1bt）相隔，可以预选为废水深井处置地层。

（2）地震

按照《中国地震动参数区划图》划分，本区地震烈度为Ⅵ度，为弱震区，在历史上无破坏性地震记载。

4.2.3 鄂尔多斯盆地纳岭沟铀矿床

(1) 地层

纳岭沟铀矿床位于东胜煤田附近。其地层分布及岩性如表 4.3 所示。

表 4.3 东胜煤田区域地层表

系	统	组	厚度/m	岩性描述
第四系	全新统	(Q_4)	0～25	为湖泊相沉积层、冲洪积层和风积层
	上更新统	马兰组 (Q_{3m})	0～40	浅黄色含砂黄土，含钙质结核，具柱状节理。不整合于一切地层之上
新近系第三系	上新统	(N_2)	0～100	上部为红色、土黄色黏土及其胶结疏松的砂质泥岩，下部为灰黄、棕红、绿黄色砂岩、砾岩，夹有砂岩透镜体。不整合于一切老地层之上
白垩系	下统志丹群	东胜组 (K_1^2zh)	40～230	浅灰、灰紫、灰黄、黄、紫红色泥岩、粉砂岩、细砂岩、砂砾岩、泥岩、砂岩互层，夹薄层泥质灰岩。交错层理较发育。顶部常见一层中粗粒砂岩，含砾，呈厚层状
		伊金霍洛组 (K_1^1zh)	30～80	浅灰、灰绿、棕红、灰紫色泥岩、粉砂岩、砂质泥岩、细砂岩、中砂岩、粗砂岩、细砾岩、中夹薄层钙质细砂岩。斜层理发育，下部常见大型交错层理。与下伏地层呈不整合接触
侏罗系	中统	安定组 (J_2a)	10～80	浅灰、灰绿、黄紫褐色泥岩、砂质泥岩、中砂岩。含钙质结核
		直罗组 (J_2z)	1～278	灰白、灰黄、灰绿、紫红色泥岩、砂质泥岩、细砂岩、中砂岩、粗砂岩。下部夹薄煤层及油页岩，含 1 煤组。与下伏地层呈平行不整合。铀矿层位
	中下统	延安组 ($J_{1-2}y$)	78～247	灰—灰白色砂岩，深灰色、灰黑色砂质泥岩，泥岩和煤。含 2、3、4、5、6、7 煤组。与下伏地层呈平行不整合接触
	下统	富县组 (J_1f)	110	上部为浅黄、灰绿、紫红色泥岩，夹砂岩。下部以砂岩为主，局部为砂岩与泥岩互层，底部为浅黄色砾岩。与下伏地层呈平行不整合
三叠系	上统	延长组 (T_3y)	35～312	黄、灰绿、紫、灰黑色块状中粗砂岩。夹灰黑、灰绿色泥岩和煤线。与下伏地层呈平行不整合接触
	中统	二马营组 (T_2er)	87～367	以灰绿色含砂砾岩、砾岩、紫色泥岩、粉砂岩为主

注：此表依据内蒙古煤田地质勘探公司 117 队 1990 年编制的东胜煤田地质图资料

铀矿床主要赋存于直罗租下段，矿体顶板埋深 314.15～532.25 m。延安组为主要含煤岩层。富县组以泥岩为主，夹砂岩，是较稳定的隔水层。三叠系的延长组和二马营组以砂岩、砾岩为主，预计具有较好的渗透性，赋存在铀矿层、煤层和上部生活用水含水层之下，且有较厚的隔水层富县组隔绝，埋深为 800～1 500 m。

(2) 构造

鄂尔多斯地块属于华北克拉通的一部分，也是其中最为稳定的一个块体。它是在华北克拉通的基础上，自中晚元古代接受沉积以来，在受古亚洲、特提斯和环太平洋三大构造域的作用下，交切、叠加与复合而形成的。由于其漫长的形成历史，鄂尔多斯盆地的构造面貌和演化较为复杂。盆地现今四周均被造山带围限，其南北分别为近东西向展布的秦岭构造带及阴山构造带，东西分别为近南北向展布的太行—吕梁构造带及贺兰山构造带，造山带与鄂尔多斯盆地之间以断陷相隔，构成南北向展布的矩形盆地。

鄂尔多斯盆地总体构造格局是盆缘活化而盆内构造相对不发育，现今构造格架主要是中新生代构造运动的产物。

(3) 地震

本区处于鄂尔多斯台向斜东北缘，鄂尔多斯台向斜被认为是目前中国现存最完整、最稳定的构造单元。根据中国地震烈度划分结果，地震动峰值加速度（g）为 0.05，地震烈度为Ⅵ度，为弱震区，在历史上无破坏性地震记载。

4.2.4 伊犁盆地

(1) 地层

伊犁盆地南缘为我国重要的可地浸砂岩型铀矿产出地，从西往东依次发现库捷尔泰砂岩型铀矿床、乌库尔其砂岩型铀矿床、扎吉斯坦砂岩型铀矿床和蒙其古尔、达拉地两个煤岩型铀矿床，矿化均产于中下侏罗统水西沟群。

水西沟群由一套陆源碎屑含煤建造组成，主要岩性有砾岩、砂砾岩、含砾粗砂岩、粗砂岩、中粒砂岩、细砂岩、粉砂岩、泥岩及煤层。矿区内该套地层煤层较发育，见有 10 层煤，连续性较好的有 M10、M9、M8、M5、M3 和 M1。其中 M8 厚度大且稳定，16～27.6 m，平均厚度 19.25 m，是伊犁盆地重要的工业煤层。根据岩石沉积韵律在剖面上的重复叠加特征，自下而上可分为 8 个沉积旋回，每个沉积旋回都有明显的韵律特征，如图 4.1 所示。该层位平行不整合于中上三叠统小泉沟群（$T_{2-3}xq$）之上，平均厚度为 412 m，变化范围在 121～487 m，上覆地层有上侏罗统、下白垩统及新第三至第四系。受基底构造形态影响，沉积地层具有北厚南薄，中部凸起变薄，向两侧凹陷区逐渐增厚的沉积特点。

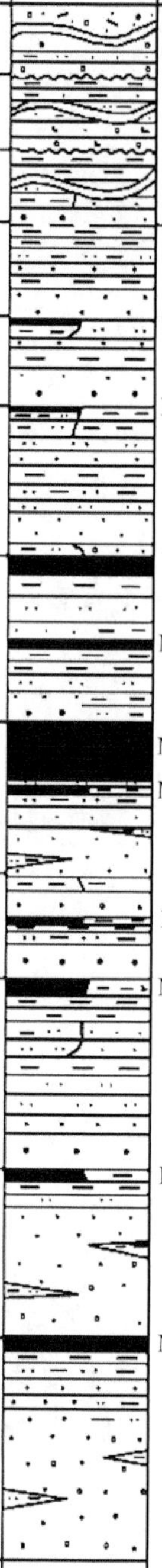

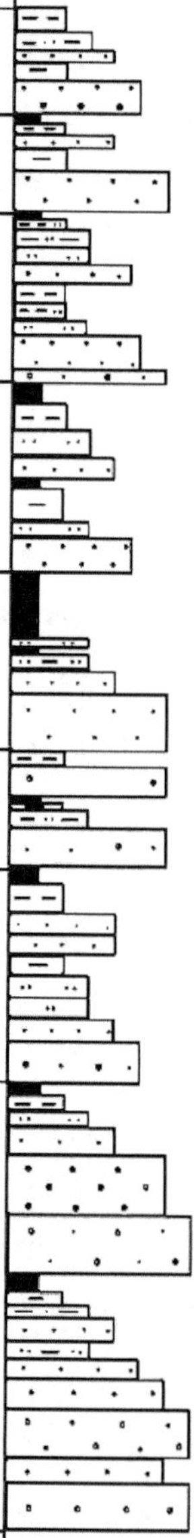

地层代号	厚度/m	岩性柱状图	煤号编号	旋回划分	沉积韵律柱状图	岩性简述	沉积相
N_2~Q	99.85					松散堆积及褐红色泥岩，细砂岩等	
K_1	40.75					褐红色砂(砾)岩，粉砂岩及泥岩、砂质泥岩等	
J_3	58.75					以杂色泥质岩为主，夹薄层细砂岩	
	29.60			Ⅷ		灰色中砂岩和泥质岩互层，底部有一层主砂体，厚弥9.8 m	河流相
	27.29		M_{12}	$Ⅶ_2$		浅灰色泥岩、粉砂岩与中细砂岩互层，底部砂体厚约13 m	天然堤河道相
	48.02		M_{11}	$Ⅶ_1$		灰色泥岩、粉砂层、泥质粉砂岩和砂岩互层，底部砂体厚约14 m，发育铀矿化的层间氧化带，含不稳定煤层	决口扇天然堤河道相
	50.69		M_{10}、M_9	Ⅵ		厚层泥岩、粉砂岩互层，夹不稳定细砂岩透镜体，有两层较稳定煤层，砂体和层间氧化带局部发育	湖沼相
$J_{1-2}sh$	53.02		M_8、M_7	$Ⅴ_2$		主要为含砾不等粒砂岩，泥质胶结疏松，含较多炭化植物残体。砂体为灰色中粒、粗粒砂岩，层间氧化带发育，赋存有卷状铀矿化	湖沼—扇三角洲平原相
	28.96		M_6	$Ⅴ_1$		不等粒砂岩、粉砂岩及泥岩，含不稳定煤层，发育铀矿化	扇三角洲前缘相
	58.38		M_5	Ⅳ+Ⅲ		为灰色泥岩、泥质粉砂岩、砂岩和细粒砂岩，砂体总厚度约22 m，多为泥质、钙质胶结紧密，透性水差，含炭化植物残留体，见黄铁矿结构核。层间氧化带局部发育	辫状河
	51.93		M_3			以灰色不等粒砂岩为主，含细砾石，疏松，夹薄层煤线和泥岩，透水性好。上部为泥岩、和砂岩互层，含不稳定薄煤层。砂体及其层间氧化带分育，具铀矿化	冲积扇扇中
	68.60		M_1	Ⅱ+Ⅰ		灰色、浅灰色乐岩、含砾不等粒砂岩为主夹薄层碳酸盐化粉砂岩、砂质粉砂岩、泥岩等，含炭化植物残体和黄铁矿结核。上部发育较稳定的煤层，砂体总厚度约36 m，层间氧化带局部发育	冲积扇扇根相
$T_{2+3}{}^{xq}$	未见底					为一套下粗上细的杂色、灰色砂岩、粉砂岩、泥岩等薄煤线	

图 4.1 乌库尔其地区层序地层综合分析图

铀矿体发育于中下侏罗统水西沟群第Ⅶ旋回的砂体中，据砂体特征，分为$Ⅶ_1$、$Ⅶ_2$两个亚旋回，工业铀矿化富集于层间氧化带前锋线尖灭处的深灰色砂体中，赋矿主岩主要为胶结松散的含砾粗砂岩。侏罗系底部砾岩、砂岩为主，上三叠统以砂岩为主，预计具有较好的渗透性，位于生活用水含水层、铀矿床和煤层之下，且有隔水层与生活用水含水层隔绝，埋深在700～1 000 m之下，可作为废水深井处置的预选地层。

（2）构造

矿区总体上位于乌库尔其隆起西部，没有发现强烈的断裂破坏和构造破碎带。现代冲沟在区内较为发育（乌库尔其沟），近南北向展布；沿断裂带发育有等间距、平行、北北西向的小型系列构造；构造形态和特征主要是喜山早—中期构造运动的结果。

该期构造运动使水西沟群在山前逐步抬升开启并接受含铀含氧水的补给和氧化，在透水性良好的砂体中发育层间氧化带，同时也改变了水动力状况，促使层间氧化带进一步发育，对后期砂岩铀矿的活化、改造、运移及其进一步富集起着积极的作用。地层总体上向北缓倾斜，倾角3°～5°，中部的乌库尔其凸起顶部地层产状变化较大，西翼倾向北西，倾角10°～15°。

（3）地震

本区地处北天山地震带，据有关资料介绍，伊犁地区近174年间（1812—1985年）共发生地震90次，其中8级及8级以上的1次、6～8级以上的1次。有关地震资料详如表4.4所示。

表4.4 1812—1985年伊犁地区有关地震资料表

震级，M	$M \geqslant 8$	$8>M \geqslant 7$	$7>M \geqslant 6$	$6>M \geqslant 5$	$5>M \geqslant 4$	$4>M \geqslant 3$
发震次数	1	2	10	23	23	31

从地震趋势分析，自1985年乌恰地震及1987年年初的乌什—拜堀地震后，根据历史上南北疆地震活动有交替的特点，北疆发生较大地震的危险性更大。

根据GB 18306—2015可知，该区地震动峰值加速度（g）为0.20，地震烈度为Ⅷ度。但根据多年的地浸生产而言，地浸生产均未受到地震的影响。

4.2.5 小结

我国主要地浸铀矿床分布区，构造稳定，受地震影响小，铀矿床均赋存在当地生活用水含水层之下，其间均有较稳定、较厚的隔水层相隔。在含矿含水层之下有一稳定的厚隔水层，在该隔水层之下可以筛查出具有一定渗透性的含水层作为地浸采铀废水深井处置目标地层，如表4.5所示。

表 4.5　我国地浸采铀矿山废水深井处置可选目标地层

铀矿床	地层	岩性	埋深/m	地震烈度
通辽钱二块地浸采铀矿床	上白垩统泉头组 下白垩统阜新组 下白垩统九佛堂组	砾岩及砂岩	500～1 500； 1 500～3 000	Ⅶ
二连盆地巴彦乌拉铀矿床	下白垩统阿尔善组	砾岩及砂岩	1 200～3 000	Ⅵ
鄂尔多斯盆地那岭沟铀矿床	三叠系的延长组和二马营组	砂岩、砾岩	800～1 500	Ⅵ
伊犁盆地库尔其砂岩型铀矿床	侏罗系底部 上三叠统小泉沟群 下三叠统仓房沟群	砾岩、砂岩； 砂岩	1 200～3 000	Ⅷ

伊犁盆地地震虽比其他盆地较为活跃、地震烈度也较大，但发生的频率不高，严格的深井处置选址、设计、建造、运行及监控可以避免地震的破坏影响，加之深井处置目标层位于铀矿床之下，发生地震时其上的铀矿层可起到缓冲作用，对环境的影响可以降至最小，多年的地浸生产实践也证实地浸采铀生产未受到地震的影响。

由此可知，我国各地浸矿山均具备深井处置所需的地质条件，但具体的深井处置目标层需要结合各地浸矿山的地浸采铀布局进行详细分析论证，并经过试验研究确定。

4.3　建造和运行条件分析

我国开展了大量的地质勘探、矿产资源开采等工程活动，积累了丰富的实践经验，可以为深井的建造、运行维护和监测等提供工程技术的支持。我国已经建立了地质环境和地质灾害管理的一整套法规、管理方法和程序，也将为开展深井灌注活动提供安全保障。

同时，作为地质大国，我国有很好的深井钻井技术和经验丰富的专业人员，在我国实行深井灌注在技术层面上是完全可行的。

4.4　经济性分析

深井处置费用包括选址、深井建设、监测井建设、环境影响评价、运行和监管等费用。依井深、井径、地质条件等而不同。

深井的建造和运行费用随具体场址不同而显著不同，如石油勘探区，由于装备和能源方便易得，其费用会较低。

4.4.1 选址和建造费用

(1) 美国西南部工业废水和城市废水深井处置投资费用

按照美国环保署的资料，Ⅰ类灌注井在选址、建造和控制上都有严格的要求，一次性投资有的高达几千万美元以上，是各种替代环保处置技术中最昂贵的。据美国2007年统计[6]，美国西南基于平均井深1 067 m的工业和城市废水深井处置系统建造投资费用如表4.6所示。

表 4.6 美国西南工业和城市废水深井处置投资费统计（2007年）

平均流量		投资费/百万美元	
百万加仑/天	m^3/h	2007年不变价	折算成2016年价[1]
0.5	79	0.63	0.76
1	158	0.68	0.82
2	315	0.73	0.88
3	473	0.91	1.09
5	789	1.27	1.52
10	1 577	1.82	2.18
20	3 154	3.09	3.71
30	4 732	4.73	5.68
50	7 886	7.63	9.16
100	15 772	18.8	22.6

注：(1) 按通胀率2%折算。

(2) 美国Centennial铀矿地浸开采深井处置系统投资费用

Centennial铀矿位于科罗拉多州Weld县境内，2010年美国Powertech铀公司开展了该矿地浸开采初步技术经济评价[7]。

Centennial铀矿地浸设计总资源量4 890 t，矿体埋深30～150 m，按回收率75%计，设计年产量270 t，生产时间14年，每天24小时、每年350天生产，由北部中心水冶厂和南部卫星厂组成，浸出液处理能力为681.3 m^3/h（3 000 GPM），抽液量大于注液量0.5%～1%。浸出剂组成为O_2 400 mg/L、CO_2 200 mg/L，浸出液平均铀浓度60 mg/L。共分为9个单元开采，每年保持2～3个单元生产，每个单元浸出终了即进行地下水修复。废水经除镭后进行深井处置，处置量为42.5 m^3/h。深处置井深度为3 000 m、数量为1个。

表4.7～表4.9给出了2010年美国Powertech铀公司地浸开采科罗拉多州Weld县Centennial铀矿的估算费用[7]。从表中可知，1个3 000 m深的处置井建造费用为432.9万美元，占中心处理厂/公用设施初始投资和全寿期投资成本分别为9.87%和

7.86%，占全矿山初始投资和全寿期投资成本分别为6.09%和3.35%。

表4.7 总投资成本总计

百万美元

项目	初始成本	后续成本	矿山全寿期成本
中心厂/公用设施	43.874	11.223	55.097
浸场	5.359	8.849	14.208
资本劳力	0.852	0.823	1.675
一般管理费	9.142	4.463	13.605
重置资产	0	12.568	12.568
小计	59.227	37.926	97.153
不可预见费	11.845	7.585	19.547
矿山关闭	0	12.584	12.584
总计	71.073	58.213	129.286

表4.8 中心厂及公用设施投资成本

百万美元

项目	初始成本	后续成本	矿山全寿期成本	备注
中心处理厂	21.625	0	21.625	
卫星厂	0	7.195	7.195	
电力基础	1.047	0	1.047	
地表贮池	1.170	0	1.170	
中心厂/卫星厂管网	1.705	0	1.705	
深处置井	4.329	0	4.329	1个3 000 m深
用水	9.024	−0.580	8.445	
修复设备	0	4.608	4.608	
移动设备	4.974	0	4.974	
合计	43.874	11.223	55.097	

表4.9 浸场投资费用

百万美元

项目	初始成本	后续成本	矿山全寿期成本
探边钻井	0.934	0	0.934
钻孔建造	3.062	6.124	9.185
地表建造	1.061	2.123	3.184
管网	0.302	0.603	0.905
合计	5.359	8.849	14.208

（3）山东东营市氯化法钛白粉工厂

早在2002年，美国杜邦公司计划投资10亿美元，在山东东营市建设一座世界级的造纸厂，工厂投产后将采用深井灌注技术处置生产后的废水。该项目共花费2 000万美元钻探勘探井并进行多项试验，井深3 000 m[8]。

（4）油气田注水

胜利油田油气田注水深度为1000 m的注水井费用包括钻具、使用套管、钻井施工、固井等费用，合计约为140万元人民币；井口装置费用1万元人民币以上，高压注水井口更高。需要配备高压注水泵费用约为5万元人民币。所以单个注水井的基建设备总费用要146万元人民币左右。

4.4.2 运行费

注水日常费用主要包括电费、设备折旧、维护管理等费用、人工成本等，据资料介绍，美国深井处置费用为每立方污水1.2～3.0美元。而据美国2007年的统计[6]，深井处置的运行和维护费为0.21～0.576美元/m^3（每1 000加仑废水80美分至约2.18美元，2007年的能源价），其他管理费、许可证申领、保险费及其间接费用为建设费的10%。

据胜利油田注水井的运行情况，核算注水成本为每立方水6元人民币以上。

4.4.3 深井处置与蒸发池处理成本比较

表4.10给出了美国1978年统计的地浸采铀地下水修复废水深井处置和蒸发处理费用。从中可知，深井处理投资成本和运行成本均少于蒸发池处理成本，具有成本优势。

表4.10 不同地浸废水处理方法的费用比较（1978年不变价）

处理方法			处置能力			
			31.5 m^3/h（单井）		157.7 m^3/h（双井）	
			投资费/百万美元	运行费/（美元/m^3）	投资费/百万美元	运行费/（美元/m^3）
深井处置	1 525 m	一般岩石	1.202	1.05	3.485	0.66
		坚硬岩石	1.345		3.761	
	3 050 m	一般岩石	1.538		4.148	
		坚硬岩石	2.083		5.220	
	4 575 m	一般岩石	2.001		5.069	
		坚硬岩石	3.200		7.440	

续表

处理方法			处置能力			
			31.5 m^3/h（单井）		157.7 m^3/h（双井）	
			投资费/百万美元	运行费/（美元/m^3）	投资费/百万美元	运行费/（美元/m^3）
蒸发处理	净蒸发量/（mm/a）	1 016	3.01	1.65	15.148	1.58
		762	4.018		20.221	
		508	6.037		30.380	
		254	12.108		60.929	

4.4.4 小结

综上所述，深井处置一次投资较高，但运行费较常规水处理具有一定优势。具体的表 4.11 深井处置投资费和运行费汇总。

表 4.11 深井处置投资费和运行费汇总

企业名称	废水类型	井深/m	处理水量/（m^3/h）	投资费用	运行费用
美国西南	工业、城市废水	1 067	79	0.76（万美元）	0.21～0.58（美元/m^3）
美国科罗拉多州 Centennial 铀矿	地浸废水	3 000	42.5	432.9（万美元）	
美国怀俄明州 Nichols Ranch 铀矿	地浸废水	3 000	10	150（万美元）	0.66（美元/m^3）
山东东营市氯化法钛白粉工厂	造纸废水	3 000		2 000（万元，前期试验）	
胜利油气田注水	油田废水	1 000		140（万元）	6（元/m^3）

4.5 法规政策

4.5.1 法规

目前，我国没有针对深井灌注的专门立法，现阶段我国对深井灌注的法律控制主要体现在两个方面：第一，我国环境保护基本法所确立的一些基本法律原则和制度；第二，放射性污染防治、水污染防治、环境影响评价、矿产资源法、水资源、地质灾害防治等环境保护单行法律法规中所包含的一些与深井灌注相关的法律规定。

（1）环境保护法

《中华人民共和国环境保护法》（2014 年修订）第四十二条指出“严禁通过暗管、渗井、渗坑、灌注或者篡改、伪造监测数据，或者不正常运行防治污染设施等逃避监管的方式违法排放污染物。”

环境保护法提出的是关于“逃避监管的方式违法排放污染物”。这种逃避监管的排污行为的根本目的是转嫁环保成本。深井处置本身成本不菲，无法像想象中的那样去转嫁环保成本，其根本目的是保护环境。深井处置采用严格的设计、施工、运行、监测评价和管理，将废水灌注到深地层，与生物圈隔离，不会造成人类可利用的环境污染，有严格的监督管理措施。因此，深井处置不属于环境保护法第二十四条所述的逃避监管的排污行为，与环保法不相违背。

（2）放射性污染防治法

《中华人民共和国放射性污染防治法》“第三十五条 与铀（钍）矿和伴生放射性矿开发利用建设项目相配套的放射性污染防治设施，应当与主体工程同时设计、同时施工、同时投入使用。放射性污染防治设施应当与主体工程同时验收；验收合格的，主体工程方可投入生产或者使用。第三十六条 铀（钍）矿开发利用单位应当对铀（钍）矿的流出物和周围的环境实施监测，并定期向国务院环境保护行政主管部门和所在地省、自治区、直辖市人民政府环境保护行政主管部门报告监测结果。”

“第四十条向环境排放放射性废气、废水，必须符合国家放射性污染防治标准。第四十一条产生放射性废气、废水的单位向环境排放符合国家放射性污染防治标准的放射性废气、废水，应当向审批环境影响评价文件的环境保护行政主管部门申请放射性核素排放量，并定期报告排放计量结果。第四十二条产生放射性废水的单位，必须按照国家放射性污染防治标准的要求，对不得向环境排放的放射性废水进行处理或者贮存。产生放射性废水的单位，向环境排放符合国家放射性污染防治标准的放射性废水，必须采用符合国务院环境保护行政主管部门规定的排放方式。禁止利用渗井、渗坑、天然裂隙、溶洞或者国家禁止的其他方式排放放射性废水。”

以上条款规定了铀矿冶放射性污染防治设施三同时要求以及放射性废物的监测、排放、处理处置等方面的要求，为地浸采铀废水的深井处置提供可以参考借鉴的法律依据。

（3）水污染防治法

《中华人民共和国水污染防治法》（2017 年修正）第三十九条“禁止利用渗井、渗坑、裂隙、溶洞，私设暗管，篡改、伪造监测数据，或者不正常运行水污染防治设施等逃避监管的方式排放水污染物”，第四十条“化学品生产企业以及工业集聚区、矿山开采区、尾矿库、危险废物处置场、垃圾填埋场等的运营、管理单位，应当采取防渗漏等措施，并建设地下水水质监测井进行监测，防止地下水污染。”第四十一条“多层地下水的含水层水质差异大的，应当分层开采；对已受污染的潜水和承压水，不得混合开采”，第四十二条“兴建地下工程设施或者进行地下勘探、采矿等活动，应当采取防护性措施，防止地下水污染”，第四十三条“人工回灌补给地下水，不得恶化地下水质”。上述条款均没提及废水深井处置的禁止行为，强调了废水输送、贮存和处理要求，应采取防渗漏和监测措施以防地下水污染。深井处置实际上是一种地下工程设施，是采矿活动的一个组成部分。深井处置是将废水灌注到一般水质较差的深含水层，旨在与上层的饮用地下水及生物圈隔离，绝对不允许也不会引起人类可利用的地下水污染。

（4）环境影响评价法

根据《中华人民共和国环境影响评价法》的规定，对规划和建设项目实施后可能造成的环境影响应当进行环境影响评价。据此原则性的规定，对深井灌注项目及包括深井灌注项目在内的政府专项规划均需进行环境影响评价。

（5）矿产资源法

深井灌注技术最早起源于矿产资源开采的深井作业，到目前为止依然和各种地下矿产资源的开发利用活动有着密切联系。《中华人民共和国矿产资源法》第三十二条规定：“开采矿产资源，必须遵守有关环境保护的法律规定，防止污染环境。”这一规定，为深井灌注技术运行中的环境污染防止提供了可供援引的法律依据。

（6）安全生产法

《中华人民共和国安全生产法》（2014 年修改）第三十三条规定“安全设备的设计、制造、安装、使用、检测、维修、改造和报废，应当符合国家标准或者行业标准。生产经营单位必须对安全设备进行经常性维护、保养，并定期检测，保证正常运转。维护、保养、检测应当作好记录，并由有关人员签字。”第三十四条规定“生产经营单位使用的危险物品的容器、运输工具，以及涉及人身安全、危险性较大的海洋石油开采特种设备和矿山井下特种设备，必须按照国家有关规定，由专业生产单位生产，并经具有专业资质的检测、检验机构检测、检验合格，取得安全使用证或者安全标志，方可投入使用。检测、检验机构对检测、检验结果负责。”

深井处置涉及压力容器及其可能的危险物品。该法为深井处置的安全运行提供了法律保障依据。

综上所述，深井灌注虽然可以参照有关法律法规进行污染防治。但是，迄今为止，我国尚未制定控制深井灌注行为的法律法规，难以适用废水深井处置技术的推广利用。由于深井灌注涉及第四类地质环境介质，已有的法律法规主要是针对大气、水、土壤污染防治等环境而制订，而对地质环境很少涉及。应该完善相关的法律法规，建立和完善有关地质环境保护的立法体系，将地质环境污染防治管理（包括浅层和深层）明确纳入法律的范围依法进行。应对现有的法律法规进行条款的修改和增加，建立完善的地质环境污染防治管理体系，进而指导部门审批和项目的运行管理。

4.5.2 政策

4.5.2.1 原国家环保局建议开展地下水灌注技术研究

2004 年 12 月 16 日，原国家环保总局科技标准司提交了一份《关于中国开展工业废水地下灌注技术和监督管理的建议》，并于 2005 年启动了《工业废水地下灌注技术示范和环境监督管理的应用和研究》的重点科研项目研究。

4.5.2.2 政协提案

全国政协委员李烈荣在全国政协十一届三次会议提出了“关于加强深部地下灌注技术研究，开辟污染物处理新空间的提案”，得到了环保部和科技部的积极响应和支持。

2017 年 3 月 10 日全国政协委员李子颖提交了关于“加强废水深井处置技术研究，开辟污染物处理新途径的提案”。国家国防科工局就此作出了答复：考虑到废水深井处置对选址、建造、运行和监管均有较高要求，且我国尚无工程实例，应采用“先试点，后推广”的思路，以地浸采铀废水深井处置为切入点，研究开展废水深井处置技术示范。将深入贯彻习近平总书记“理性、协调、并进”的核安全观，落实“创新、协调、绿色、开放、共享”的新发展理念，积极履行核工业行业主管部门职责，逐步推进后续相关工作。提出了统筹谋划、科研先行、由点及面的工作思路。

4.5.2.3 环保部建议深井灌注处置污染物的研究试点工作

环保部在 2016 年 3 月 9 日“关于利用油田枯竭地层处理京津冀工业废气废水的建议的回复”中指出“综上，建议由相关科研机构与企业开展合作，经地方政府许可后，先行开展深井灌注处置污染物的研究试点工作，不宜贸然进入大规模实际操作阶段。”表明可开展深井处置方面的研究。

总之。随着中国经济发展，深层地质环境作为环境容量资源的作用将会逐步提升。中国正处于经济高速发展阶段，经济发展带来了对环境容量和环境质量需求的同步增加。为了缓解这种需求矛盾，应研究考虑如何扩展新的环境容量资源，并有效和高效利用有限容量资源，以满足上述需求增长的要求。利用深井灌注处置污染物的做法，为开辟利用新的环境容量资源，即深层地质环境提供了可能，这既能满足经济发展对环境容量的要求，又将有助于缓解地表环境容量压力，改善地表环境状况，满足地表环境质量的需求。

4.5.2.4 国家环境保护“十三五”科技发展规划纲要

2016 年 11 月 9 日环境保护部和科技部联合发布了《国家环境保护“十三五”科技发展规划纲要》(环科技〔2016〕160 号)。“地浸采铀深井处置和地下水修复治理的研究”纳入该纲要中的“强化关键技术创新研发，支撑环保高效治理”的主要任务中。为该项目的研究提供了政策依据。

4.5.3 管理体制

废水深井灌注活动的管理，涉及环境、水行政、地质矿产、土地、城市规划、安全生产等行政主管部门。过去地表水和地下水等环境保护存在部门交叉管理、权责不分的弊端。2018 年新组建的生态环境部整合了原环境保护部、国家发改委、国土资源部、水利部等部门的职责，将原国土资源部的监督防止地下水污染职责纳入其中，水利部的编制水功能区划、排污口设置管理、流域水环境保护职责也纳入生态环境部中，可以实现对地表水和地下水污染的统一监管和防治，有利于促进废水深井灌注处置健康、有序发展。

5 进一步开展工作的建议

深井处置技术在美国、欧洲等国家得到较为广泛的利用。该技术在美国已有60多年的实践经验，并制定了《地下灌注控制法》《安全饮用水法》《地下注入控制规范和标准》等一整套完善的法规、条例和标准规范。处理的污染物包括酸、重金属、危险性和非危险性无机（如氰化物）及有机污染物、放射性污染物、二氧化碳等，涉及的领域包括石油天然气、溶浸采矿、金属制造、化工、制药、农业和城市污水以及温室效应控制等。全美国约89%的难处理危险性工业废水均通过深井进行处置。深井处置从选址、设计、施工、运行、环境安全评价和监管有着严格的要求，从而确保了深井处置具有很好的安全性和可持续性。我国废水深井处置无论是技术研究、工程应用还是法规标准的制订远远滞后，需要加强废水深井处置的技术研究及法规标准的研究制订。

5.1 技术研究

随着我国经济的进一步高速发展，污染物排放也与日俱增，废水处理及排放压力持续增加，迫切需要寻找新的废物处置途径。地下深井处置技术的应用将为污染物的处理处置开辟新途径和新空间，发展潜力巨大。为了尽快掌握和推动先进的废水深井处置技术，有必要开展废水深井处置的技术研究试点工作，解决深井处置方面的关键技术。

（1）研究目标

针对地浸采铀和修复过程中产生的工艺废水，开发一种废水深井灌注处置方法和技术，全面研究地浸采铀工艺废水深井处置工艺及参数，形成深井处置技术体系，解决地浸采铀工艺废水最终处置问题，避免当前采用天然蒸发池所带来的征地困难和放射性废水蒸发残渣处置等弊端，显著降低环境影响、风险和代价，为地浸采铀大规模发展提供环境保护共性关键技术与示范，为法规标准规范的制（修）订提供基础，促进地浸采铀持续发展。

（2）研究内容

主要开展井址筛选研究、深井钻井及成井技术研究、深井处置模拟研究、深井处置试验研究、环境影响与安全分析研究、深井灌注监控技术研究等方面的研究。

5.2 法规标准研究和制订

由于我国深井处置起步较晚，虽然可采纳相关的法规来进行管理与约束，但到目前为止，我国尚没有针对深井灌注的专门立法。美国针对每一类灌注井都有严格的工程技术措施、严格的评估标准，而中国目前还没有。由于专门法律的缺失，相应的标准规范也尚未建立，给项目的实施和推广带来了不确定性和阻力。因此，有必要加强相关法规、标准及规范的研究制订。

（1）立法

通过研究并借鉴美国有关深井灌注的法规和条例，制定我国的深井灌注法规，并对环境保护法、放射性污染防治法、水污染防治法等法规的相应条款进行修正，明确深井处置作为一种合法的废水处理处置方法之一。为废水的深井处置提供强有力的法律依据。

（2）标准及管理体系

我国现行的环境质量标准和污染物排放标准主要是针对大气、地表和地下水水体、潜层土壤，由于深井灌注是利用地质储存空间处置污染物，目前缺乏针对这种处置方式的质量标准和排放标准。通过国外深井处置的调研以及我国深井处置的研究实践，建立我国的废水深井处置管理体系，包括设计、施工、运行和封闭等技术规范，深井处置分类管理规定，深井许可证申请规范，深井处置环境影响评价技术导则，环境监测及应急响应规定等，使深井处置规范化、标准化。

5.3 阶段工作安排

地浸采铀工艺废水的深井处置技术研究分阶段进行。根据我国地浸采铀终采采场退役先后关系，先开展酸法地浸采铀工艺废水的深井处置技术研究，再开展碱法地浸采铀工艺废水的深井处置技术研究，然后开展工程示范应用研究和各地浸矿山的工程应用。初步进度可安排如下：

第一阶段，分别开展酸法地浸和碱法地浸采铀工艺废水深井处置技术研究。

第二阶段，开展地浸采铀工艺废水深井处置工程示范研究。

第三阶段，开展各地浸矿山工艺废水及中、低放废水以及其他工业废水的深井处置技术工程应用研究，研究和制订法律、法规、标准和规范。

参考文献

[1] 王晓华，于景琦，陈宏坤，等．美国工业废水地下灌注与控制技术介绍 [J]. 油气田环境保护，17（3），2007：41-44.

[2] Keith L. Compton, V. M. Novikov, Frank Parker. Deep Well Injection of Liquid RadioactiveWaste at Krasnoyarsk-26: Volume I. Laxenburg, Austri: International Institute for Applied Systems Analysis, 2000.

[3] Grant Ferguson. Deep Injection of Waste Water in the Western Canada Sedimentary Basin. Groundwater, Vol 53 (2), 2015: 187-194.

[4] 黄晓梅．含氰废水深井注入技术的可行性研究 [J]. 中国环境科学，1999，19（2）：185-188.

[5] 丁国生．金坛岩穴地下储气库建库关键技术综述 [J]. 天然气工业，2007，27（3）：111-113.

[6] 马中，鲍强，田春秀，等．地下灌注环境管理法规建设研究小组2006年工作报告 [R]. 北京：国家环境保护总局环境管理法规建设专题研究小组，2006.

[7] Nazih K. Shammas, CharlesW. Sever, and Lawrence K. Wang. 14 Deep-Well Injection for Waste Management. From: Handbook of Environmental Engineering, Volume 9: Advanced Biological Treatment Processes Edited by: L. K. Wang, N. K. Shammas and Y-T. Hung, Humana Press, New York, NY 2009: 541.

[8] SRK consulting engineers and scientists. NI 43-101 Preliminary Assessment Powertech Uranium Corp. Centennial Uranium Project Weld County, Colorado. Powertech Uranium Corp. Lyntek Incorporated, Lakewood, Colorado, 2010.